出逢う力

世界を動かす神秘のルール

浅見帆帆子
Asami Hohoko

第2章　人との新しい関わり方

第3章　すべてに偶然はない

第4章 自分に必要な情報を得る方法

第5章 出逢いの旅、ドバイへ～セレブリティも実践している神秘のルール～

まえがき　――世界を変える神秘のルール

本書には、**「あなたに必要な人と、必要なときに出逢う力」**について書いてあります。人だけではありません。あなたにとって必要なもの、必要な情報、望んでいる答えがどのように集まってくるかというこの世の仕組みについて、です。

あらゆる種類の情報が溢れるようになったこの時代、

「できるだけたくさんの人に会って、人脈を作ることが大事」

というような人の広げ方は、もう終わったような気がします（笑）。

正確に言うと、まだ「その段階の人もいる」かもしれません。

情報はたくさんあればいいのではなく、本当に必要なことが必要なときにだけ入ってくれば充分だからです。

あなた自身の「精神レベル」が上がると、あなたが自然にしているだけで、少数精鋭のベストな人たちと出逢うようになります。この仕組みがわかると、広がりを求めて人付き合いをするようなエネルギーの浪費はなくなります。


あなたに必要な情報は、まわりのあらゆるものを通して入ってきます。

あなたの「直感」、眠っているときに見る「夢」、「シンクロニシティ（偶然の一致）」、「ふと目に留まること」、「ふと湧いてくるビジョン」などによって情報が集まり、どちらを選べば良いか、次に何をすれば良いかもわかります。

たとえばあなたが、ふと「それ」に目が留まるのも、パッと「それ」が心に浮かぶのも、自分とあの人に同じようなことが重なって起こるのも、偶然ではありません。そこにあなたにとって必要なこと、「サイン」が隠されているのです。運のいい人や、必要な情報をたくさん持っている人は、このサインに気付くのが上手です。

それらのサインは、日頃からあなたが考えていることの答えになっています。たとえば、あなたが毎日「〜〜するにはどうしたらいいのだろう？」と思っていれば、その答えとなり、「自分は○○になる!!」と思っていれば、その方法を教えてくれているのです。

せっかくそのサイン（答え）が来ていても、頭や心がいっぱいであったり、余計なことにエネルギーが使われたりしていると、それに気付くことができません。たとえば、インターネットやメディアを通して入って来るあらゆる次元の情報に、無防備に自分をさらしていたり、あまりにたくさんの人と会い過ぎたりしていると、知らないうちにエネルギーが浪費され、直感力が薄れるためにサインに気付くことができなくなるのです。外にばかり求めていても、必要な情報を得ることはできません。うまくいく方法は、すぐ目の前に来ているのです。

これは決して特殊な考え方ではなく、科学者でも、スポーツマンでも、経営者でも、その道の一線で活躍している人にとっては、「自分が発信していることの答えが、まわりのすべてから返って来る（万物から情報をもらう）」という当たり前の方法です。

太古の昔は「成功の奥義」として王族や一部の人たちだけに受け継がれてきましたが、それがだんだんと一般にも降りてきて、現代ではそれを実践している人たちが豊かで幸せな人生を送っているのです。

5章にあるドバイ旅行記にも見られるように、ドバイの王族をはじめ、世界を舞台に活躍している本当のセレブリティは、皆同じことを話しています。
すなわち、「この世には自分が意識を向けたことが現実になるという引き寄せの法則があり、だからこそ、低次元のものからはきちんと身を守り、高次元のものには心を開くことが大切である。するとまわりのあらゆるものが自分に必要なメッセージを伝えていることがわかり、心に思うことがますますスピードを増して実現していく」のです。

かつて、この神秘的なパワーの秘密（神につながるパワーの秘密）を探し出そうとした人たちが、「宗教」と呼ばれる始まりになったのかもしれません。どんな宗教も、表現は違えど、根底では同じようなことを伝えていると思います。その神髄は、たとえば経営者がビジネスを成功させるときにも、アーティストが素晴らしい作品を作り出すときにも、あなたが必要な人と出逢うときにも、すべての人に共通するルールなのです。だからこそ、「成功の奥義」として何年経っても同じような話が出てくるのでしょう。言葉や表現方法は違っても、結局同じことを伝えているのです。

私たちは、自分自身の直感、魂の声、本音の感覚などを、もっともっと信頼していいと思います。頭で考えたことや過去のデータ、人から見聞きしたことなど、外からの情報だけに振り回されていて、「偶然の一致」などの神秘的な現象を通して目の前に答えが来ていることに、まだまだ気付いていないのです。

これに気付くと、自分の夢や望みに対して次になにをすればいいか自然と示され、それらを追っていくと、また次のサインが示されるので、まるで自分の人生がロールプレイングゲームのように感じられるはずです。自分の人生の意味が大きな地図上に紐解かれ、なにかに導かれていくように感じるのです。

そして、夢があろうとなかろうと、生きていること自体が面白くなり、「宇宙の神秘」と呼ばれる偉大ななにかとつながっているような感覚になるのです。

すべての人に同じように流れているこのパワーの仕組みに気付き、あなたにとって必要なもの、情報、人と出逢い、たくさんの人が幸せを感じることができますように……。

浅見　帆帆子

第1章

幸せの国へ進む人、苦難の国へ進む人

✩あなたはどの世界の住人ですか？

この数年、それぞれの人の住んでいる世界（属している世界）がはっきり分かれてきたような気がします。

A：自分がワクワクすることをして、起こることはすべて必然で、いつもベスト（最高）なことが起きていると捉え、人生に幸せを感じて暮らしている人たちの世界。

Ｚ：自分の環境や世の中に不満があり、
　起こることはすべて偶然でつながりがなく、人生は苦難の連続だと思い、
　生きることに苦しさを感じている人たちの世界。

ＡとＺは両極端の代表ですが、両者の見ているものは同じ「この世の出来事」とは思えないほど違っています。同じことが起こっても、Ａの世界ではただの笑い話になることが、Ｚの世界では争いにまで発展するくらい展開も変わるのです。

たとえば人間関係について……。あなたの知っている人が、今のあなたには理解できないような行動をとったとします。その人がそんなことをするとは想像もできない、もしかしたら、今の日本の法律では犯罪になるようなこと、かもしれません。

このとき、Ａの世界の人たちは、「きっと外からはわからない、いろいろな事情があるのだろう（そこを思いやり、詮索するのはやめよう）」と捉え、今までと同じようにその人に接するかもしれませんが、Ｚの世界の人たちは、「信頼していたのに裏切られた（隠していたなんてひど過ぎる）」と捉え、噂だけでその人のことを判断するかもしれません。

たとえばお金の問題について……。トラブルに巻き込まれて金銭的に大きな損をしてしまったとき、Aの世界の人たちは、「命に関わることではなくて本当に良かった、こんなことに巻き込まれてしまうとは自分のなにが原因なのだろう、これを機会にすべてを見直そう」と捉え、Zの世界の人たちは「あの人が悪い、この環境が悪い、弁償させよう、問い詰めよう」というように捉えるかもしれません。

同じことが起きても、両者の捉え方は驚くほど違います。そして捉え方が違うということは、その後の展開も違っていく……まるで、幸せの国行きの列車と、苦難の国行きの列車に分かれて乗っているようです。

大きく分けると、あなたはどちらの世界の住人でしょうか？

恐らく、完全にAの世界（またはZの世界）という人は少ないでしょう。状況によってAのときもあればZのときもあるし、中間のときもあるはずです。

この「細かい違い」によって、この数年、AとZの間がさらに細かく分かれるようになりました。これまでは、「だいたい似ている考え方をしていればA（またはZ）」と大別されていたはずが、少しでも違いがあると、Bの世界、Cの世界……、と分かれるようになったのです。

たとえば、「すべてに対して、どんなときでも100%プラス思考をする」という人たちの世界がAだとしたら、「90%くらいはプラス思考」という世界がB、「80%くらい」という世界がC、というように分かれていく……。これらは一見それほど違いはないように感じますが、100%プラス思考と80%プラス思考には、実は大きな差があります。スタート地点では似ていても、それが繰り返されれば先はどんどん離れていくからです。

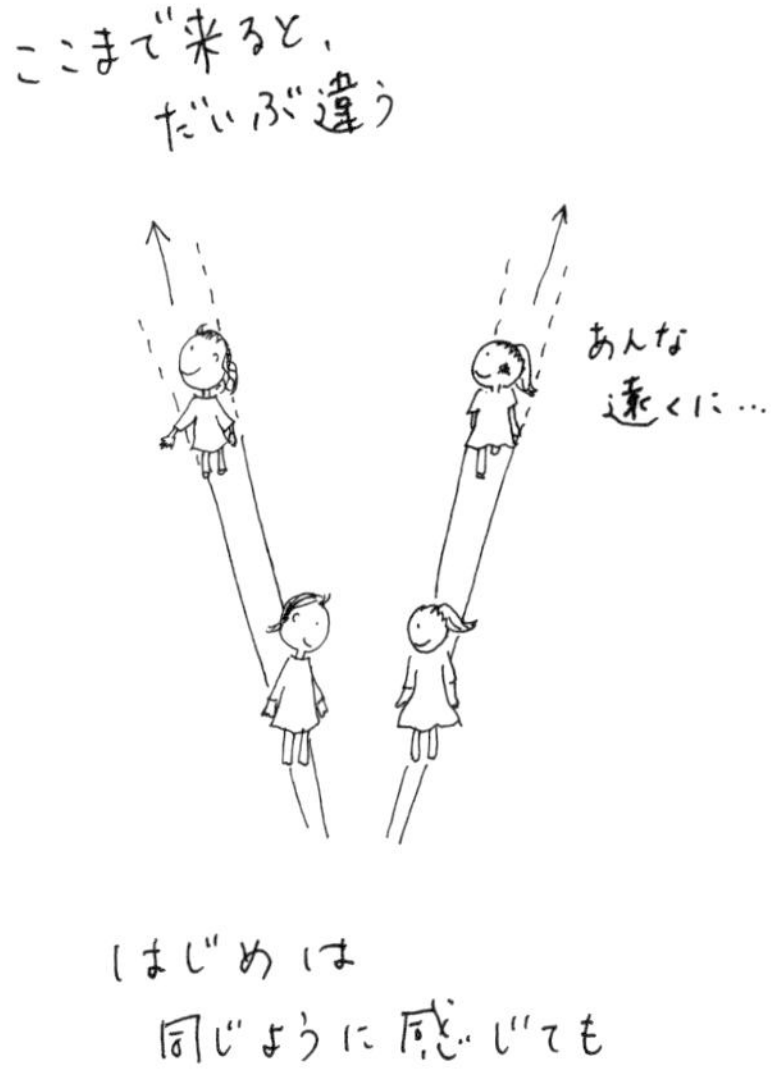
ここまで来ると、
だいぶ違う
あんな
遠くに…
はじめは
同じように感じても

✿違う世界の人とは、もう出逢わない!?
――みんなに居心地の良い「類友」の始まり

これまでも、似たような質の人が集まる「類は友を呼ぶ（類友《るいとも》）」という現象は当たり前のことでしたが、各世界が更に細かく分かれるようになったので、本当の意味での「類友」が始まっています。

そして、違う世界の人たちとは出逢わないようになってきているのです。

あなたのまわりにいる人のことを考えてみてください。最近、あなたと同じ感覚で話ができる人が、前より集まって来ていないでしょうか？　逆に、そうではない人とは出逢わないようになっていませんか？

たとえば「目に見えないこと」についての話をするとき、前はそういうものを一切否定する人もいたはずなのに、最近は、同じ感覚で話せる人とばかり出逢う（だから安心して話せる）というようなことです。

　または、あなたの価値観や感性に対して、細かいレベルで「そうそう!!」と同意して盛り上がれる人が集まって来ている……もちろん、あなたと違う考えの人が世の中から消えたわけではありません。ですがそういう人たちとは出逢わなくなってきた……あっちはあっち、こっちはこっちでまとまり出したのです。

　実は、これはどの世界の人にとっても居心地のいい状態になっていると言えます。違う世界の人同士が混ざり合っていると、お互いに違和感ややりにくさを感じます。

　Ａの世界の人たちが、物事をすべて斜めに眺めるＺの世界の人たちと一緒にいると、ワクワクするどころか、なぜそんな捉え方をするのか不思議な存在に感じることでしょう。逆にＺの世界からＡを見れば、なんでもお気楽に捉えているように感じたり、見当違いな嫉妬の対象になることもあったはずです。「どうしてそういう見方をするのだろう……?」というお互いの違和感が、これまではあらゆる分野のあらゆるレベルで起こっていたはずなのです。

　ところが「本当の類友」が始まったために、それぞれが居心地の良い状態になりました。物事をプラスに捉える人は、同じような割合でプラスに捉える人と一緒にいたほうが居心地良く、逆に不平や不満を言いたい人は、同じように不平不満を言い合える人といたほうが楽なのです。

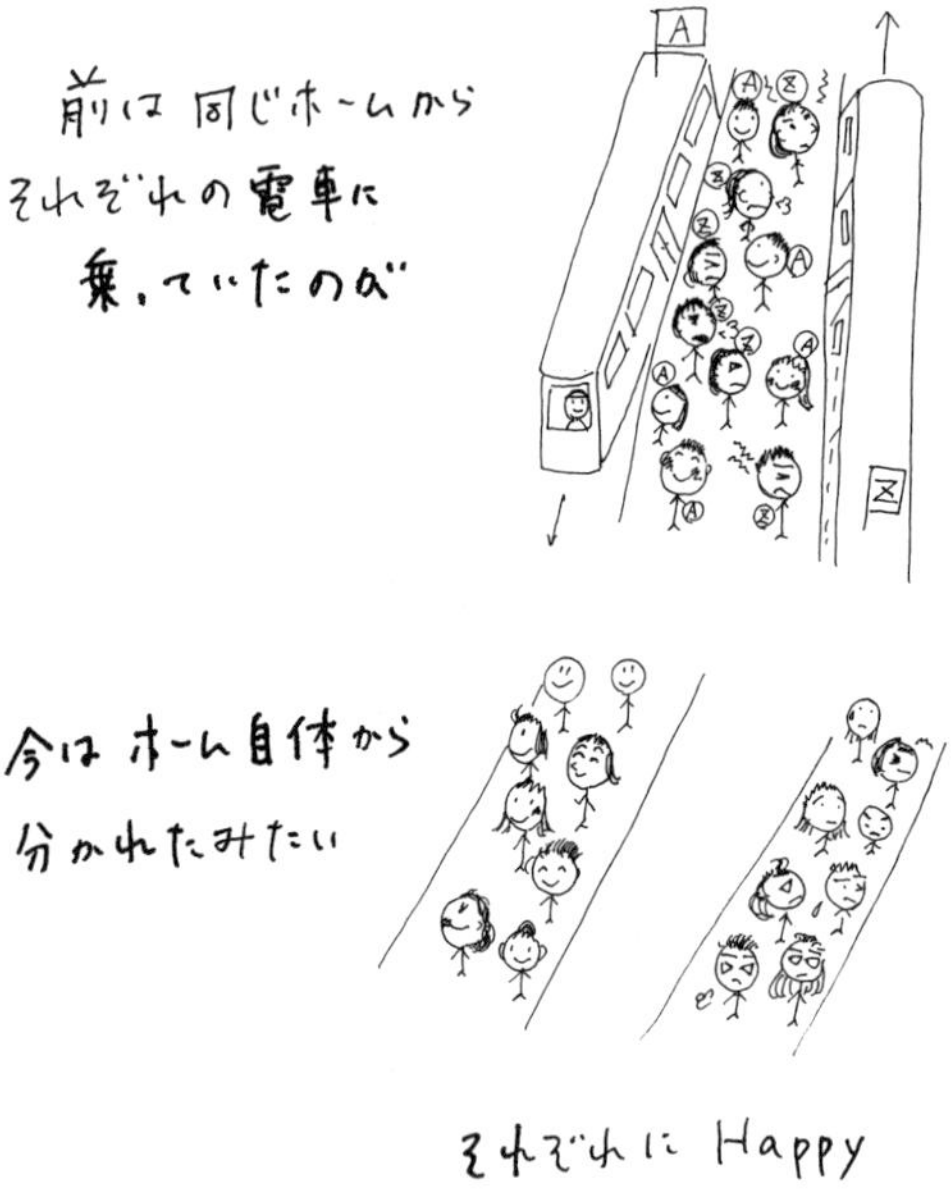
前は 同じホームから
それぞれの電車に
乗っていたのが
今は ホーム自体から
分かれたみたい
それぞれに Happy

✩同じ世界の人と仕事をしたほうがうまくいく

——新しい時代の仕事の進め方

「違う世界の人同士は出逢わない」という現象は、仕事でも効率良く機能します。同じ世界（＝同じエネルギー、同じ質）の人たちが集まると、物事は早く進みます。たとえばひとつの表現、ひとつの提案をしたときに、全員が同じような感覚で受け止めるため、ストレスが少なく、トラブルが起きたときの解決も早くなるからです。

皆さんも経験したことがありませんか？　全員が同じ質のエネルギーで動いた結果、その企画やイベントが異常に盛り上がって予想外の成果が出る、というようなことです。まるで大きなエネルギーの渦がグルグルまわっているように、良い意味で「興奮した状態」になり、直接関わった人たちだけではなくまわりの人にも化学反応が起こり、良い方向へ変化していく……まわりを巻き込んで、全体のエネルギーを上げる活動になったという経験です。

私は、これを講演会のときに感じることがあります。

私の講演会は、全国各地の地元主催者によって実施されていますが、主催者の中には、講演会を企画するのは初めて（それが専門の仕事ではない）という方も多々いらっしゃいます。このような場合、運営スタッフは、主催者の知人や全国から集まるボランティアスタッフで成り立つことが多くなります。主催者が、「○○に興味のある人、集まれ〜」と指を立てたところに集まる人たちは、私の本の読者であったり、私の講演を前に聞いたことのある人だったり……つまりその活動に興味のない人はいないのです。（ボランティアスタッフなのでなおさらです。）

これが、「イベント会社」などが作った企画になると、企画自体は純粋な目的で作られていても、そこに駆り出されるスタッフ（社員）のモチベーションは様々です。仕事のためであったり、お金だけが絡んでいたり、好きではないのに別の理由に縛られて参加している人も多いので、「この人のことが本当に好き（だからこのイベントを成功させたい）」という純粋なエネルギーで集まって来る人たちとは、当然質が変わってくるのです。

「好き」という動機で集まる人のエネルギーは、なによりも強く純粋なので、誰かがモチベーションを上げなくても、全員が本気で動きます。すると、講演会が成功することはもちろん、スタッフひとりひとりに化学反応が起こり、ドラマが生まれるのです。

「このイベントに参加したことで、今日を迎えるまでにこんなことが起こった！」という出来事によって、人生が変わったり、思わぬ発見があったり、悩みが解決したり、イベントとは関係ないと思われる自分の生活が変化するという副産物的な効果が生まれます。（実は副産物のほうがメインであり、その変化を起こすために講演会があった、とも言えるのですが……。）

みんなで味わった高いエネルギー状態は、講演会が終わった後にも続きます。その結果、それぞれの人が自分の居場所に帰ってから、本当にやりたかったことに進み出したり、それまで我慢していた状況を改善するために動き出したりするなど、これまでにない新しい動きを始めるのです。つまり、一日限りのイベントではなく、そのエネルギーが次への変化を生む活動となっているのです。講演会の半年後、1年後にそのような報告を聞くたびに驚きます。

このように、すべてのプロジェクトが「本気でそれをやりたい人だけが集まる」という形をとるようになればどんなにいいだろう、と思います。

同じ会社や組織という枠ではなく、「この指止まれ」で、それに本当に興味のある人と、それに必要な能力のある人だけを広く集めて仕事をする、そしてそのプロジェクトが終わったら、同じ組織人として縛られる必要はなく解散し、また自分が本当に力を発揮できるプロジェクトに立候補で参加するのです。（今でも、業種によってはこの形をとっているものもありますが、すべてのものがそうなれば、それぞれのエネルギーに合わせたものが出来上がると思うのです。）

本当の意味での「類友」が進むと、各人のエネルギーが掛け算となって、人数以上の効果を生むのです。

✩お客さまも、それにふさわしい人がやって来る

この世に存在するものは、分子レベルまで分解すると、すべてがそれぞれ固有に振動しています。その振動が作る波の動き（波動）によって、同じ波動（質）のもの同士は引き合い、違う波動（質）のもの同士は反発し合う、という波動の原理が働いています。つまり、今あなたのまわりにいる人、特定の関わりを持っている人は、みん

なあなたと同じ波動の人たちなのです。

ですから、先の項目で言えば「仕事をするときに同じ波動の人たちだけが集まると、違う意見が入らなくなってしまうのではないか（偏るのではないか）」と心配する必要はありません。それぞれの世界にはそれにふさわしい人（お客さま）が集まるからです。プロジェクトでも、人の集まりでも、商品でも、Ａというエネルギーで出来上がったものには、それにともなうＡのお客さまがつき、ＢのエネルギーにはＢのお客さまがつきます。簡単に言えば、質の良いものには、質の良い人、ものがつくのです。

これは、「高級なものには高級志向のお客さまがつく」というような価格のことではなく、それが持つエネルギーや「質」を指しています。価格は、それをつける人側の自由……高額でも低額でも、すべてをひっくるめてその質に見合う人が集まる、ということです。

愛の基準100％で動く人のところには100％の人たち、10％のところには10％の人たち、というようにそれぞれの世界で成り立っているのです。

「自分は愛の基準100％で向かっているのに、どうして集まって来るのは50％の人たちなんだろう（自分と釣り合っていない）」というように感じたとしても、波動の法則に例外はなく、違うものが来ていることはあり得ません。

そこにズレがあると感じるのは、どこかにその人の思い違いがあるはずなのです。愛の基準100％と思っていても、実は100ではなかったり、その「愛」自体がすでに違うものであったり、「表面は似ているけれど、似て非なるもの」のはずです。（似て非なるものについては2章に詳しく説明します。）

✪精神レベルとこの世の法則

Ａの世界からＺの世界は、「どちらのほうが偉い、すごい、上」というようなものではなく、100％あなたが自由に選べるものです。Ａの世界にふさわしい考え方をしていれば、自然とＡの世界に振り分けられ、Ａの世界の人たちと類友になります。

優劣はありませんが確実に言えることは、Ａの世界の人たちのほうが、人生を楽しんで暮らしています。Ａの世界の考え方をしていると、人生が生きやすくなる、とも言えるかもしれません。

私たちを各世界に分けているのが、その人自身の精神レベルです。

精神レベルによって、起こる物事が変わり、出逢う人も変わります。

表現を変えると、Ａの世界の人たちは「精神レベルの高い人たち」なのです。

精神レベルの高い人たちは、自分に必要な人、モノ、情報が必要なときに必要なだけ入って来るので、足りないものはなにもなく、人生に満足して暮らしています。「心に思うことが現実になる」というこの世の仕組みを100％信頼しているので、自分の望むものだけに焦点を当て、それと違うものからはきちんと距離を置いて自分を守ります。


精神レベルとは、言い換えれば「魂の成長度合い」のことです。その人本来の魂に上下や優劣はありませんが、その魂が今の人生でどのくらい成長しているか、どのくらいこの世の真理に近づいているか、という「成長度合い」にはやはり差があります。

魂の成長度合いなので、現在の職業や生い立ち、地位や経済力にはいっさい関係がありません。畑で自給自足をしながら暮らしているおばあさんが、世界を動かすような影響力のある人と同じ精神レベルである、というようなことはよくあります。表面的には大きなことをしていても、とても低い精神レベルの人もいます。外見や生活スタイルはその人の好みなので、精神レベルとはまったく関係ないのです。

また、世間的に有名な人、経済力がある人、社会での地位が高い人、知的職業についていているような人たちと付き合いがある（近くにいる）からといって、必ずしも精神レベルが高いわけでもありません。そのグループ全体が低い場合もあり、そのような肩書きのない人たちのほうが、よっぽど執着のない質の良い考え方をしている場合もあります。（もちろん、肩書きのある人たちの中にも、精神レベルの高い人たちはたくさんいます。）

つまり、他人からの見え方ではなく、その人自身がいかに穏やかに悩みがなく、目の前のことを楽しんで幸せを感じながら暮らしているかどうか、が目安なのです。


あなたのまわりには、あなたの精神レベルに応じたこと（＝あなたが心で考えていることと同じ質のこと）が引き寄せられて来ています。

たとえば、自分の夢や望みについて楽しく考え続けている人は、その夢を実現させてくれる人、モノ、環境を引き寄せます。夢のことを考えながらも、「所詮かなわないもの」と思っている人は、「夢はあっても所詮かなわないもの」という現実を引き寄せています。

夢の実現を50％疑っていれば、50％分足を引っ張られることが起こり、20％不安に思っていれば、20％分、不安に思わされるようなことが起こる……この正確さは驚くほどです。あなたが「それ」を信頼する割合に応じているのです。

「自分の考えていることが自分の生活に現れる」という仕組み、これがいわゆる「この世の引き寄せの法則」です。これはすべての人に働いている、とても公平な仕組みです。自分がなにを考えるかは、100％自分が決められるからです。

ひとつのことが起こったときに、「大変だ」と大騒ぎする人もいれば、「別にどうってことない」と思う人もいれば、「これをきっかけに……」とまったく別の新しいことを考え始める人もいる……どれが正しいか間違っているかではなく、その捉え方と同じ質（エネルギー）のことが次に展開されていくだけなのです。

この仕組みがわかると、「運の良いこと、悪いこと」という感覚自体がなくなっていきます。どんな物事でも「ただ起きているだけ」であり、自分の反応の仕方、捉え方で、どちらにでも変えられるからです。

精神レベルの高い人たちは、大きな事件が起こったときでも、「自分になにかを気付かせるために起きているのだろう（これが起きた意味はなんだろう）」と捉えるので、

「悪いことが起こる」という感覚はなく、すべてを必然と捉えています。もちろん表面的に眺めれば、対処しなくてはいけないことや雑務的な煩わしさなど、流れを止めることになるので損失はありますが、そこには必ずそうなるまでに積み上げられた原因があるはずです。それが噴き出しただけであり、それを見直す、立て直すチャンス……むしろ、この時点でわかってよかったことなのです。

つまり、なにかが起きたときに、焦らず、怒らず、イライラせず、淡々とその物事の意味を考えて、「このおかげでこういうことがわかった」という状態で解消すると、その人の精神レベルが上がります。その気付きは、その事件とは直接には関係ないような人間関係や、日頃の自分の思いや、プライベートや家族の問題であったりするかもしれませんが、「これは自分になにを知らせているのだろう?」という目で眺めると、必ずそれが見つかるはずです。こうして、その出来事を解消すると、その人の精神レベルは確実に上がります。逆に言えば、「あなたの精神レベルを上げるために(魂を成熟させるために)その出来事が起きている」とも言えるのです。

すると、その事件を後から眺めると、「自分を成長させてくれるために起きたありがたい出来事」となるので、ますます「嫌なことが起こる」という感覚がなくなっていくのです。

✪ 精神レベルが上がると、出逢う人のステージも変わる

精神レベルが上がると、起こること自体が変わっていきます。精神レベルが低かった頃の自分と比べると、明らかに流れが良くなっていることを感じられたり、トラブルが起きても早く解決したりするようになることに気付くはずです。

また、同じ種類のトラブルが起こっても「質」が変わります。

たとえば人間関係についてトラブルが起きる場合、精神レベルが低いときは、小さな争いが殺傷事件にまで展開してしまうことがあるかもしれませんが、精神レベルが高いときに同じことが起こっても「ちょっとした言い争いで収まる」というように、同じ種類の問題でも「質」が変わるのです。

そして、出逢う人や付き合う人が変わります。

精神レベルが上がると、これまで出逢わなかったような新しい種類や、より良い質の人と出逢うようになります。同時に、これまで付き合っていた人たちと盛り上がり

を感じなくなったりすることもあるでしょう。

あなた自身が、これまでのレベルから、もっと枠が広く、もっと器が大きく、もっと人生を楽しく感じられる捉え方をするようになったので、それにふさわしい人たちの世界に切り替わろうとするのです。今まで乗っていた列車から途中下車して、違う国行きの列車に乗り換えたようなものです。

新しいレベルで出逢う人たちは、より精神レベルの高い人たちなので、もっと人生を楽しんでいたり、もっと穏やかに幸せな暮らしをしていたり、もっと自分の思いを実現させたりしています。他者への依存もなくそれぞれが自立しているので、前のあなたのまわりで起こっていたようなトラブルも少なくなります。

なによりも、それぞれの人がそれぞれの環境で人生を謳歌しています。その人たちを見ていると、自然とこちらにエネルギーが伝わって刺激を受ける……まさに「会っているだけでワクワクする人たち」なのです。

はじめはその新しい世界にとまどいを感じることもありますが、あなたのレベルが、その新しい世界の人たちにふさわしいから出逢っていることなのです。（あまりにもかけ離れていると、すれ違うことさえ起こりません。）

外見や世間的な立場が違っても、国籍や仕事に共通点がなくても、精神レベルが同じであれば、どこにいても誰とでもつながることができます。

これが本当の意味でわかったときの心の落ち着きは図り知れません。あなたから必死に新しい出逢いを求めなくても、本当に居心地のいい人たちと自然とつながっていくのです。

そのためには、次章で書く「あなたにとって異質なもの、モヤっとするものから身を守る」ということが同時に必要になってくるのです。

第2章 人との新しい関わり方

✩あなたにとって付き合うべき人、付き合ってはいけない人

誰かと会ってとても楽しい時間を過ごした帰りに、ふと立ち寄ったお店で素敵な洋服を見つけて気持ちが上がった、そのウキウキした気持ちで家に帰ったら家族との会話が弾み、明日に向けて仕事もはかどった、今日はなんだか流れがいい♪……そういうことがあると思います。

これは、はじめに会った人との「いい時間のエネルギー」が、その後もずっと影響を与えているからです。

簡単に言うと、こういう気持ちになる人と会い、そうではない人とは会う必要はないの

です。「会う必要はない」という言い方は語弊がありますが、そのほうが、お互いにとって良い結果になるからです。

この世は、波動の原理による引き寄せの法則で成り立っているので、本来であれば、ほうっておいてもお互いに「会いたいな」と思う人と出逢い、そうではない人とは自然と離れるようになっています。

ところが現代では、人間関係のしがらみや、属している社会や立場の縛りなどから、本音では「違う」と感じている人にも会わなくてはいけない（と思い込んでいる）状態になっている人が多過ぎるのです。

また、できるだけたくさんの人に会うことが、自分のなにかを広げることになる、と勘違いをしている人もいます。

あなたに必要な情報は、人からだけ入って来るのではありません。むしろ、今のあなたのエネルギー（波動の質）とは違う人にたくさん触れ過ぎていると、知らないうちに無理をしていることになるので、エネルギーが漏れていくのです。

運のいい人、流れのいい人、幸せに生きている人、つまりＡの世界の人たちは、自分を大切にするからこそ、自分に触れる人（エネルギーの交換をし合う人）は厳密に選びます。この「選ぶ」という言い方も、また誤解が生まれやすい表現ですが、もっと単純なこと……他の人がどう評価していようと、あなたの心がワクワクする人とだけ会い、それとは逆の気持ちになる人からは素直に距離を置く、ということです。

異質なものに触れて自分のエネルギーが下がれば、自分の仕事（パフォーマンス）やそこから生まれる会話、すべてに影響が出てしまい、結果的に、良いものが生まれないからです。

✩苦手な人、合わない人が増えてもいい

あなたのまわりにいる特定の誰かに対して、

「前は気にならなかったのに、急に相手との違いが気になるようになった……」

と感じることはありませんか？

決定的ななにかがあったわけではないのに、

・会っても前のように楽しくない（それどころか会うとモヤモヤする）

・急に相手との「ズレ」を感じるようになった
・会うこと自体が苦しくなってきた

と感じてしまうことです。

これはとても自然な現象、あって当然のことなのです。1章に書いたように、「本当の類友」が始まって、「自分に合う」という基準が細かくなったということは、逆から言えば、「自分とは合わない人が前よりも増えてくる」ということだからです。

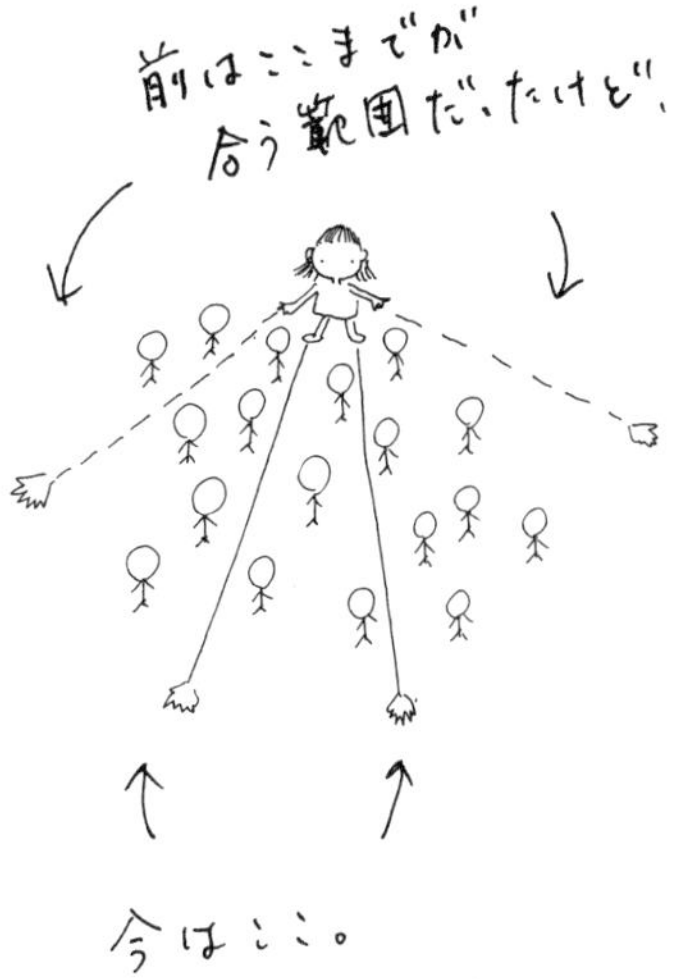
前はここまでが
合う範囲だったけど
今はここ。
本当に居心地がいい人

何も起きていないのにそう感じてしまうのは、相手の態度が変わったからではなく、あなたの感性が鋭くなったので、これまで少し無理をして（相手に合わせながら）付き合ってきたことに、あなたの本音が違和感を覚え始めたからです。

あなたが我がままになったのではなく、「我慢は不自然なもの（その我慢からはなにも生まれない）」ということに気付き始めた結果なのです。ですから、その気持ちはとても自然なこと、そのままで大丈夫、ということです。

私にも、こういうことはいくつもありました。

たとえば、以前は親しかったCさんとの間になんとなく距離ができ、会っても前ほど楽しくないなあ、と感じるようになるのです。

でもよく考えてみると、Cさんとは前から違う部分がたくさんあった……それをわかって付き合っていたはずでした。100％同じ人などいるはずがなく、その違いが面白いとわかっていたはずなのに、急にその違いに対して「苦しい！ 無理かも……」と思い始めてしまうのです。

表面的には似ているけれど根本は違う……たとえば、「人とのご縁は大切に」とお互いに思っていても、出逢う人すべてと親密になり、こっちにもあっちにも、誘われるすべてに顔を出して広げていく形は、「心をオープンにする」とはまた違う質のものです。（少なくとも、私は得意ではありません。）でも表面的には、「人とのご縁は大切に」という同じ言葉で表現されることがあります。

これは、Cさんが間違っているということではありません。Cさんにはそのやり方が合っているのですから、それでいいのです。また、Cさんと同じようなことをしている人は他にもたくさんいる、それなのになぜかCさんだけに異質なものを感じるのです。この「表面は同じだけれどちょっと違う」と感じながらフタをしていた部分が、急に気になり始めるのです。

足元を見るとほんの少しの違いだったのが、先を見たらまったく違う国（到達点）に進んでいることに気付いた、という感じです。

状況は人それぞれですが、「本当の類友」が進んだ結果、離れたくなる原因は他にもいろいろありそうです。

前からそうだったけど、急に、

・くだらないおしゃべりだけの場に参加することに疲れた
・背伸びをして、無理に自分に合わせてくる人との付き合いに疲れた

・相手が自分に仕掛けてくる戦いに疲れた
・相手の使うマイナスの言葉が気になるようになった
・相手の器の小ささを感じるようになった
・相手の苦手だった部分が拡大した

面白いのは、これまではそれほど気にならなかった（我慢できる範囲だったのに）、ということ……。それが突然拡大して、会うとモヤモヤする関係性が増えているのです。

う～ん
前は黒ゴマくらい
小さかったものが
いつのまにか黒いシミに

✩「離れたい」という気持ちに罪悪感は必要ない

「あの人に会うと、どうしてもモヤっとする」と感じる自分に、罪悪感を持つ必要はまったくありません。そう感じるのは、相手が悪いわけでもなく、あなたが悪いわけでもなく、単に今のあなたとは波動が違う異質なもの、というだけです。「異質」に上下や優劣はありません、ただ「違う」だけです。

相手が悪いわけではないので、「相手の良いところを見ましょう」という話でもありません。良いところもたくさんあるに決まっている、それでもどうしても違和感がある……それがあなたの今の本音なのです。

また、あなたのその思いを、他の人にも同じように思ってもらおうとする必要もありません。（ここでまわりに同意を求めてつるみ出すと、精神レベルが下がります（笑）。）**人がどう思うかよりも、「なぜかわからないけれど、自分はそう感じる」というあなた自身の感覚にもっと注意を向けることが重要なのです。この「理由はないのにそう感じてしまう」という感覚が直感だからです。**

直感は、今はそう思う理由がわからなくても、そのときのあなたに必要な情報です。

逆に「理由はないけれど、あの人に会うと思っただけでワクワクする」と感じる人もいますよね。

この「根拠のない感覚」をどこまで信じて実行するかが、Aの世界に行くか、Zの世界に行くかの分かれ道です。

Aの世界の人たちは、自分自身の「好き、嬉しい、ワクワクする、居心地が良い」というものを追って行き、それとは逆に「苦手、憂鬱、違和感がある、モヤモヤする」という気持ちになることは、そこにどんな理由があっても選びません。（それを徹底しているのがAの世界、たまにぶれるのがBの世界……というように分かれていくのです。）

特に人に関しては直感の通りに行動します。人は生身の生き物なので、人から受けるエネルギーは強く、影響力も大きいことを知っているからです。たったひとりの人がきっかけで世界を変えることができるように、プラスにもマイナスにも影響力が大きいからです。

数年前のこと、まさに私の感覚で「この人と会うとなんだかモヤモヤする」と感じる人（Mさん）がいました。世間の評判が悪いわけではなく、人に説明できる理由があるわけでもありません。それどころか、たくさんの人がMさんを褒めているのも聞いたくらいです。正確には、どうしてそう感じるか少しはわかっていたのですが、とても小さなことであり、同じような人は他にもいたので、それだけで判断してはいけない、と思っていたのでしょう。（今思えば、その「他にもいるのに、なぜかその人だけは気になる」という感覚が直感だったのに……。）

結局、どうしてもその感覚が抜けないので、Mさんから依頼された仕事をギリギリまで迷って辞退しました。

するとそれから半年後、「私が感じていたモヤモヤはこれだったのか！」と納得するような出来事が、Mさんと他の人たちとの間で次々と起こったのです。

まさに危機一髪、私は被害に遭わずに済みました。簡単に言えば、私とMさんでは、仕事に対しての向き合い方やエネルギーが違ったのです。あのまま進んでいたら、恐らくお互いに我慢をしたり、納得できないまま完成度の低い状態で終わったことでしょう。

もちろん、Mさんとも上手に仕事を成り立たせる人はいると思います。でも「私とは違った」ということ……他の人にとっては良くても（または悪くても）自分にとっては違う、自分と相対したときにどうなるか、それが誰にとっても重要です。その「違い」を、モヤモヤという感覚を通して事前に教えてくれていたのです。

モヤモヤするのは、そこに罪悪感を持つ必要はないどころか、ありがたい情報なのです。

この感覚は、はじめて会った人にだけではなく、これまでの人に対しても同じように働きます。

その人に急にモヤモヤするようになったのは、「今までは同じだったけれどなにかがずれた」ということ、今の自分のエネルギー、波動とは合わなくなった、ということなのです。

✩ あなたのエネルギーは自分で守ろう

今までは同じだったけれど、なにかがずれた人、異質を感じるようになった人、簡単に言えば「会うと（考えると）モヤモヤする人たち」とは、きちんと距離を置くことが大切です。

「距離を置く」とは、突然相手を拒絶することではありません。また、その気持ちを相手に話して理解してもらうことでもありません。

まずは、心の中でしっかりと線を引くのです。

そして、「自分は、今この人に対してこういう感覚を持っているんだなあ」ということをちょっと離れたところから眺めてみてください。そういう自分を無視しない、否定しないということです。「どうしてこう思ってしまうんだろう」というような罪悪感を持たず、ただ観察するのです。

そして、その気持ちがしばらく経っても続くようであれば、それ以上その人に深入りしなくていい、自分の気持ちを前のように立て直さなくていい、自然と離れる方向に進めばいいのです。

人は、生身で生きている生き物なので、こちらの精神レベルがアップダウンするのと同じように、向こうもアップダウンします。

今、その人になんだかモヤモヤを感じるのは、今はエネルギー（波動）が違う、ということ、だから違和感があるのです。

好きなものからは、それを見ているだけで元気になったり、自然とエネルギーをもらえたりするように、**好きでないものと一緒にいると、エネルギーの循環がないどころか、知らないうちにあなたのエネルギーが漏れていきます。**

Aの世界の人、精神レベルの高い人たちは、自分のエネルギーをいつも良い状態に維持しています。

「良い状態に維持する」とは、外からなにかを吸収する「入れる作業」だけではなく、モヤっとするものを整理して、今あるエネルギーを質良く守ることを含むのです。むしろ、これだけたくさんの情報がまわりに溢れている現代では、入って来るもの（人）を、あなたが本当に居心地の良いものだけに絞ることの方が重要です。

どんなにすごいパワースポットに行ってパワーをもらっても、素晴らしい人と会って刺激を受けても、別のところでエネルギーが漏れる動きをしていたら意味がない（もったいない）からです。モヤモヤする人とつながり続ける（会い続ける）ということは、自分で自分のエネルギーを漏らし続けていることになります。

Aの世界の人たちは、自分の本音の感覚は直感であり、今の自分に必要な情報である（偶然ではない）と100％理解しているので、自分が心地良く感じる人にだけ焦点を当てます。誰でも自分の本音の通りに行動するだけで、自然と自分のエネルギーが守られていく、ということです。

もちろん、（みんな大人ですから）モヤモヤを感じる人とでも、表面的には上手に付き合うことができているはずです。ここで言っているのは、「『その場だけ』と割り切って上手に付き合える程度のズレ」ではなく、会った後、一日中その人のことを考えてしまったり、（嫌な意味で）頭から抜けない、という感覚になってしまうような「モヤモヤ」です。

社会人として生きていると、なにかの枠組みでどうしても顔を合わせなくてはいけない場合もあるでしょう。でもよく考えてみると、自分の意思ひとつでそこから離れることができる、という場合もたくさんあるはずです。

そこまでモヤモヤを感じる人と、どうしていつまでもつながっている必要があるのでしょうか？　その人と「つながっている」ということは、そこに焦点を合わせ、それと同じ種類のものを引き寄せていくということです。

引き寄せの法則からすると、あなたが長く、強く考えたことを生活に引き寄せます。

相手が悪いのではなく、そのモヤっとした思いを長く味わう必要はない、ということです。

あなたが意識を向けたことがあなたの中に流れ込んできます。

たとえば、自殺の名所とされている場所に頻繁に足を運んでいれば、いつのまにかその場のエネルギーに引っ張られます。あなたの雰囲気全体が、「そのエネルギー」に染まるのです。雰囲気だけではなく、言動も変わっていくことでしょう。

たとえば戦闘シーンばかり描いてある漫画を読んだり、映画を見たりした後は、知らないうちに好戦的な気持ちになっていることがあります。

それが良いとか悪いではなく、長く触れているものにはあなたのエネルギーが同調するということです。あなたがどんなものにつながって、どんなものから影響を受けるかは、自分で決められるのですから、今、モヤモヤするものから遠ざかるのは、とても自然なことなのです。

どうすればあなたの心が一番スッキリするか、穏やかになるかを考えてみると、結構簡単に答えが出るはずです。

「その人との付き合いを、今日からいっさいしなくてよくなったら……」

と思うと、急に気持ちが楽になりませんか？

楽になる、というのは、「あなたはそっちを選んで正解」というサインです。

会ってモヤモヤするのは、会わなくていい、というサインなのです。

実は、それが一番あなたの運気をアップさせることなのに、せっかく「感覚」という方法を通してサインを見せてくれているのに、それを行動に移さなければ意味がありません。

運が良くなる秘訣は、特別なことをするのではなく、あなたに来ている本音の感覚（直感）をもっと信頼して、その通りに動くことなのです。

✪一見良さそうだけど……「似て非なるもの」にご用心！

入って来るもの（特に人）を制限する、と書きましたが、これは「常に人に注意深く、疑心暗鬼になれ」と言っているのではありません。

直感が教えてくれている情報を実行するときに、一番難しいのが「人」に対してだからです。また、「すべての人を受け入れよう」とか「すべての人を好きになれる人が素晴らしい」という教えを間違った方向に受け取っている人も多いからです。

もちろん、精神レベルが上がったずっと上の世界では、すべての人を同じように愛し、相手の素晴らしいところを引き出すような「本当のコミュニケーション」や、「他者との本当の関わり方」というものが存在します。「宇宙と自分とすべてのものとの調和、全体との融合」と呼ばれるような世界です。

ですがほとんどの人は、そこに行く前の段階……その高いレベルと同じようなことを言っているように見えても、たいていは「似て非なるもの」のことが多いのです。

「似て非なるもの」とはこういうものです。

たとえば、「私には苦手な人はひとりもいない、すべての人が好き」と公言するとき、実はその言葉の裏に、その人自身の営業、売り込み、アピールが混じっている場合があります。(「そうでありたい」という希望や成長を込めた表現は別です。)

「たくさんの人と知り合ってコネクションを作る」、「とりあえず仲間になっておけば恐くない（敵になりたくない）」というような目的が見え隠れする場合です。

本物の高いレベルで、「すべての人に心を開き、嫌いな人はひとりもいない」という次元の人は、それをわざわざ言葉にすることはありません。強調するまでもない自然なことだからです。

人間である以上、苦手な人、「違うな」と思う人、「その人とはどうしても一緒にいたくない」という人もいるのが普通です。重要なのは、苦手な人をひとりもなくすことではなく、人から受ける感覚をマイナスのものにしない、ということです。

つまり、相手への「モヤモヤ」が勝ってしまう人に対しては、それが気にならないところまで遠ざかる、ということもひとつの方法なのです。逆にそこまでしてもその「モヤモヤ」のエネルギーをためないほうがいい、ということ……あなたに起こることはすべてつながっているのでひとつの部分で「モヤモヤ」がたまると、他の部分の運気も落ちるからです。全体の流れが悪く感じるとき「実はあの人へのモヤモヤが全体の足を引っ張っている」という、「人」が原因になっていることに気づいていないのです。

会うたびに、いつも自分のなにかを褒めてくれる人がいます。

たしかに人は褒められると嬉しくなるし、自分を認めてくれている人には自分の良い部分を自然に出せるようになります。（ですから逆から言えば、その人の良いエネルギーをアップさせるには相手を喜ばせることなのです。）

ところが同じように褒められても、言われてすごく嬉しくなる相手と、「ウソっぽ～い」と感じてしまう人がいるものです。

その褒め言葉に、相手をいい気分にさせるテクニック的なものが隠れていたり、ご機嫌をとるために言っている場合はすぐにわかる……これも「似て非なるもの」の一種です。

1章に書いた、「愛の基準100％」というものにも、たくさんの「似て非なるもの」があることでしょう。自分たちに都合の良い愛だったり、「愛に根差しているからあなたもこれに同調してください」という押しつけがあったり……。

「似て非なるもの」は、大きく分ければ良いことを言っている（している）のです。どれも、それとは真逆の考えよりはずっといい……、相手を褒めないよりは褒めたほうがいいのです。

ですがそこに、「綺麗な言葉に隠された裏の意図」がある場合も、まだまだある……それを見破る唯一の方法は、あなた自身の感覚が、その人に触れているときに「モヤモヤするかどうか」です。

「素晴らしいことを言っているのだけど、なんだかモヤモヤする」と感じるのは、あなたにとって合わないもの、「似て非なるもの」なのです。

☆「人を喜ばせたい」は本物？

「自分は人を喜ばせるのが大好き」という表現……これにも「似て非なるもの」が混ざっていることがあります。（もちろん、自分のことだけを利己的に考えている人と比べればずっと愛に溢れたものですが、ここではそのレベルの比較をしているのではありません。）

大きなことでも小さなことでも、最終的には世の中を楽しませたり喜ばせたりする活動しかうまくいかないので、「人を喜ばせる」というエネルギーは、たしかに愛に根差したものです。

ところが、「とにかく人を喜ばせるのが好き」とわざわざアピールするとき、一見素晴らしい動機に紛れて、「相手が喜んでくれる」ということと引き換えになっている場合があります。巧妙な「ギブ&テイク」になっていて、実は相手のエネルギーを奪っている……。

自分自身が表に立ってやりたいために、「人のため」を掲げている場合もあります。もし、それを見てくれたり、褒めてくれたりする人がひとりもいなくても、それをやるでしょうか？　紙一重のところですが、まさに「似て非なるもの」です。

「人を喜ばせるのが好き、楽しい」という感覚は、わざわざ言う必要のない当たり前のことです。

本当に精神レベルの高いAの世界の人たちにとって、なにかをするときの動機は、相手が喜んでくれるからではなく、単に「それをするのが好きだから」です。

その人自身がそれを好きで、たとえひとりでもそれをすることに心から幸せを感じている、たったひとりでもワクワクしながらそれをやっている……それが結果的にまわりの人を喜ばせることになっていた、という図式なのです。ここには、なんの目的や魂胆もありません。

もちろん、なにかをするときに、誰かの喜ぶ顔を浮かべるのはとても楽しいことです。でも同時に、その過程そのものに自分がワクワクしているかどうか、が「似て非なるもの」との違いです。「喜んでくれる」という結果と引き換えでしているわけではありません。

「似て非なるもの」の場合、相手にしてあげたことと相応のことを相手にも求めます。そして期待したような反応がないと、「自分はあれだけしてあげたのに、あの人はやってくれない、感謝の言葉もない、私の恩をわかっていない」というような思いに行きがちなのです。

本当に見返りを求めていなければ（ただそれをするのが好き、という動機でやっているのであれば）、それをした時点で終了であり、相手がどう思うかは相手の自由です。

「それをするのが好きだから、やりたいと思うから」というエネルギーで動くことには、「苦しい使命感」がありません。「素晴らしいことだから、あなたもやって」という強制もなければ、「どうして共感してくれないの？」というような押しつけもありません。エネルギーの循環がひとりで成り立っているからです。

「私、ひとりで喜べるから（笑）」……これは「あなたを喜ばせるために」という言葉を笠に着て、自分をアピールしたいだけの人に対して、Ａの世界の人が持った感想です（笑）。

もちろん本人のワクワクした波動と、決して他者からエネルギーを奪おうとしていない安全な雰囲気が、結果的にたくさんの人を呼び込んでその活動が大きくなっていく、ということはあります。

でもその一番はじめのエネルギーは、その人がたったひとりでもそこにワクワクしている、という感覚があるはずなのです。

このときの「ワクワクする」というのは、楽しい気持ちになる、という意味だけではありません。

たとえば、世の中のなにかを救ったり、社会のなにかを変えようとする活動に燃えている人たち（その中の本物の人たち）は、はじめて「それ」を知ったときに、「それ」がどうしても頭から離れなくなった、寝ても覚めてもそれを考えてしまう」というような「心魅かれる感覚」を味わっています。「ワクワクする」とは、この「なぜか心に残った」という感覚を含んでいるのです。

救わなくてはいけない状況は他にもたくさんあるはずなのに、なぜか「それ」に心が反応したということは、「あなたはそれをすればいい」というサインであり、まさに宇宙からの情報です。

「似て非なるもの」は、なかなか見分けがつかないものです。また、それを発見して相手を正すことが目的でもありません。

大事なことは、「あなたの本音（直感）で違和感がある、モヤっとすると感じることは、あなたにとって真実を伝えてくれている」ということです。

あなたの感覚は、すべての判断基準を教えてくれるすごい方法なのです。

✪他者のエネルギーを吸う人たち

人のエネルギーを吸う人、それによって活力を得る人、という人がいます。

たとえば、あなたに嫉妬している人、張り合っている人、依存したい人、あなたの弱い部分を突きたい人など、相手が意識的にそれをしていようといまいと、なにか思惑のあるエネルギーをあなたに向けてくる人がそれに入ります。

会った後に「疲れる」と感じるのは、まさにあなたのエネルギーが奪われているからなのです。反対から見れば、あなたをやりこめたり、頼ったり、批判したりすることで、あなたからエネルギーを奪って（吸って、食べて）いることになります。

実は、このような、「人間である以上誰にでも起こり得るような感情」ではなく、もっと本質的に「エネルギーを吸う人、食べる人」というのも存在します。

そのような人たちは、見た目がおどろおどろしい雰囲気であったり、明らかに「魔界？」のようななにかを持っている人ではなく、ごく普通の人の中に紛れているものです。


私の知人（Eさん）が、魔界から来たかと思われるようなNさんと知り合い、あるときから急激に仲良くなりました。Eさんは、Nさんに気に入られたいばかりに自分を大きく見せ、Nさんと一緒にいるときだけ、それまでのEさんとは別人のように態度が変わるようになりました。Nさんは自分に向けられるそのエネルギーを吸い取って、ますますEさんを刺激するので、Eさんの振る舞いや向かっていく方向はどんどん質の悪いものになっていき、結果的にたくさんの人たちがEさんから離れていくことになりました。

ですがEさんは、Nさんの魔界的な要素にはまっているので、自分のエネルギーが吸われていることに気付いていないどころか、妙に高揚したり、楽しくなっているように感じています。

まるで（恐らく）麻薬のようなもの……その楽しさがどこか異様であり、まわりの人たちに違和感を起こさせる、「似て非なるもの」なのです。

もちろん、Eさん自身がそれを選び、そのエネルギーにふさわしい人たちと類友になっていくので、それはそれでいいのです。

ですが、ここまで急にエネルギーの質が変わることがあり得る、「人のエネルギーを食べる人」というのが明らかに存在する、というのを目の当たりにしたのでした。

人のオーラやエネルギーの動きが見える人たち（能力者）に言わせると、人のエネルギーを吸う（食べる）人は、その人のエネルギー体のようなものが相手にのび、相手のエネルギーを絞り取ったり、からめ取ったりする様子がはっきりと見えると言います。

もちろんこれは番外編ですから、よくあることではありませんが、それくらい、人から受けるエネルギーというのは強い、ということ、「会った後にいつも疲れる、モヤっとする」という感覚を無視せず、素直になることが大事なのです。

✪運の良い人の近くにいると運が良くなる理由

エネルギーの強い人は、場の空気をそちらへ引っ張ります。

その人が部屋に入って来ただけで、良くも悪くも部屋の雰囲気が一変する、ということがあるように、どんな質のエネルギーでも、強いエネルギーはその場全体の雰囲気を変えるのです。

以前、私自身の状態がとても良かったとき、ある朝庭の花を眺めていたら、突然花のまわりに、薄いモヤのような光の膜が見えたときがありました。きれいな薄ピンク色の光のようなものが見え、不思議に思って別の花を見てみると、そちらはもっと金色に近い黄色に輝いていたのです。日光が当たっていない曇りの日だったのに、です。

いつもそういうものが見えるわけではありませんが、これが人で言えば「オーラ」と呼ばれるものであり、その人自身のエネルギーが体の外に溢れている状態なのだろうと思います。

以前、チベットの高僧であるダライ・ラマ氏がお話しされていたときも、目をつぶると、ラマ氏自身のまわりを覆っている大きな白い光が、残像のように目の裏に現れ、いつまでも消えないで光っていたことがありました。私は決して敏感な体質ではありませんが、あまりに大きく強いオーラは、誰でもそれを感じとることができるということでしょう。

隣の人を包み込むほどの大きなオーラ体を持っている人もいるでしょうし、それぞれの人が持っているオーラ（エネルギー）が、隣にいる人と混じり合えば、相手に影響を与えることは簡単にできる、と実感したのです。

つまり、「運のいい人の近くにいると運が良くなる」というのは、とても理にかなったことだと言えます。目には見えなくとも、その人の運のいいエネルギーに触れ、いつもそこに浸っていれば、その質に染まっていくからです。

✪精神レベルが高い人たちのコミュニケーション

高いレベルでエネルギーを維持しているAの世界の人たちが集まっていると、特定の誰かがその場を牛耳ったり、ひとりだけがしゃべり続けたりするようなことがなく、全員がエネルギーを循環させるような話し方をします。簡単に言えば、全員が同じように居心地良く盛り上がるのです。

4章に詳しく書きますが、「今日、そのタイミングでその場に集っている人たち」というのは、そこにいる人それぞれにとって必要な情報を持っている同士です。「今日はその言葉を聞くためにここに来た！」と感じられるほど、相手が今の自分にぴったりのメッセージを話すことがあるからです。

Aの世界の人たちは、「その偶然性を利用して自分に必要な情報が来る」ということをわかっているので、大人数で集まっているときも、発言力のある人や目立つ人の話だけを聞くのではなく、その場にいる全員の話に等しく耳を傾けます。全員がそれぞれに主役になる、他の人のエネルギー（意識）が自分に向けられて話す順番が全員にまわってくるのです。

ところが、低次のエネルギーの人たち（精神レベルの低い人たち）が集うと、エネルギーがアンバランスなので、いつも決まった人だけが大声で話したり、ひとりひとりの話（他にも話したい人の話）をゆっくり聞こうとしなかったりするので、全体のエネルギーが非常にガチャガチャとした雑な波動になります。

先に書いた「似て非なるもの」もたくさん混じっているので、その場にいると、とにかく疲れるのです。

私自身、そのようなグループに一瞬足を突っ込んだとき、はじめのうちは、その妙な疲れや脱力感がそこから来ているものだとは気付きませんでした。

エネルギーが漏れている状態になるため、執筆の進みが遅くなったり（＝仕事がうまく進まなかったり）、直感が鈍くなったり（＝思いの具現化に時間がかかったり）して、流れが悪くなるのです。

素晴らしい芸術家やアーティストの作品でも、そこにかけられているエネルギーの違いがわかるときがあります。さすがに美術館に飾られているような作品から判断することは難しいですが、一時の催し物やイベントのために作られたものは、作品によって手を抜いていることがわかることがある……エネルギーが高まった状態で作ったものと、そこそこのエネルギーで（エネルギーが漏れている状態で）作ったものに違いが出るのは当然なのです。

同じように、私も「いつもと同じようにしているはずなのに、どうも気持ちが乗らない」という状態がしばらく続いたときに、実はそのグループと一緒にいる時間がこのエネルギー漏れの原因だと気付いたのです。そこで、先に書いたように、まずは自分の中でしっかりと線を引きました。ところが、その場のエネルギーがあまりに強いと、いくら線を引いていても、何回も同じ時間を過ごしているうちに引っ張られていくのです。

そこで、そこに顔を出すこと自体をやめました……その結果、モヤモヤとした感覚や疲れがまったくなくなったのです。私は決して敏感な体質というわけではないのですが、あまりに異質のものがたくさん集まっている場では、さすがにそれを感じるようです。(実は、そのグループにいた人で、私より本当の意味で敏感な人は、そこでの集まりの後は毎回頭が痛くなり、まるでなにかを吸い取られるような感覚になっていたことが、後からわかりました。)

誤解のないように言っておきますが、「その人たちが悪い人」ということでは決してありません。単に、自分とは合わない異質の人たちというだけのこと……それがどうして異質なのかを原因究明することにそれほど意味はなく、そのように感じるものからはすぐに距離を置くことが賢明なのです。

実際、私の感覚としては、もっと早く距離を置けばよかった、とも感じていました。

そうすれば、その数カ月に味わったモヤモヤ感はなかったのに、と思ったからです。

ですが、気付くまで何カ月もかかったからこそ、「異質のものと一緒にいることがどれだけエネルギーを漏らすことになるか」ということを実感（痛感？）することができました。心の揺れが大きければ大きいだけの学びがあるものです。

✩「場の雰囲気」は、そこに集う人の強いエネルギーの方へ流れる

500人以上の講演会で話をするとき、話しているうちに、はじめに予定していた内容とは違った方へ話が流れていくことがあります。その場の流れに任せているうちに、自然とそうなる……それは、「その会場にいる人たちの多くがそちらの話を求めているからだった」、ということが後からわかることがあります。

つまり、そのときに優勢なエネルギーの方へ全体が流れていくのです。

だからこそ、異質な人が1人ではなくグループ単位になると、どんなに自分を強く

持っていたり一線を引いたりしていても、その中で割合の大きい（人数の多い）エネルギーの質に引っ張られるのです。

このエネルギーの仕組みについて考えたとき、私の中で長年不思議だったことの答えがひとつ見つかりました。

サイン会で、読者の方から相談を受けるとき、自分でも驚くほど相手にぴったりの回答が口をついて出てくることがあります。

サイン会の場合、ひとりの持ち時間は1分もなく、その時間内に相手が質問してくる内容は、常識で考えると「もう少し詳しく話してくれないとわからない……」と感じるものばかりです。ところがたったそれだけの情報なのに、私の口からぴったりの回答が出てくる……それが前から不思議でした。

次の人が前の人とほとんど同じことを質問したのに、私の口から出てくることは、前の人とまったく違うこともあります。同じ質問でも状況は人によって違うので、前の人と同じ答えになるはずはないのですが、私は話の詳細を聞いていないのに、違うことを答えているのです。

自分自身を少し離れたところから眺め、「この回答はどこから来ているのだろう」と冷静に観察しているときがあるほど、その回答は、決して頭で考えて浮かぶものではありません。

これは恐らく、「どうしてもこれを聞きたい」という相手のエネルギーが強いために、私を媒体にして答えがやって来ているのだと思います。

「媒体」と言っても、別人格のなにかが宿る、というほど大げさなことではなく、単に相手の「知りたい」という強さに呼応しているのでしょう。4章に詳しく書きますが、「あなたに必要な情報は、まわりのあらゆるものを媒体にして入って来る」ということです。読者の方が、私を媒体にして、自分の知りたいことを拾っているのです。

能力者の人が、今の自分にとってぴったりのメッセージを話してくれるとき、「これは私が言っているのではなく、あなたが言わせている」と言うときがありますが、それと同じです。

さらに、能力者が相手と向き合うとき（依頼されて、相手のなにかを見るとき）に、相手が心からそれを知りたいと思い、真剣に耳を傾けようとする人に対しては、先のことまでしっかりと明確に見えてくる、ところが、相手がはじめから斜めに構えていたり、「それほど聞くことはない」という状態であると見えにくい、と言います。

これも恐らく、相手のエネルギーに応じているのでしょう。

✩注意！　エネルギーが漏れる「SNS」の使い方

あなたが関わるまわりのすべてのものに、あなたのエネルギーが乗っていきます。

心を込めて作った食事は、適当に作ったときより本当に美味しく感じるように（あれは本当に不思議です（笑））、あなたがそれを心から好きになり、アツイ気持ち（エネルギー）をかけて作ったものは、必ず他のものより良いものになるのです。商品であれば、売上に反映されるのでわかりやすい……すべてはそこにかけるあなたのエネルギー次第なのです。

あなたがエネルギーをかけられるもの、つまり、好きなもの（こと）は必ずうまくいくし、逆から言えば、そこまでのエネルギーをかけられないものはやる必要はない、ということです。（1章の「新しい時代の仕事の進め方」につながります。）

逆に、「そこまで気持ち（エネルギー）が乗らない」というのは、今の自分とは質が違うものなので、「合う同士でやればいい」ということになるのです。

つまり、そこに「気が乗らない」というのは、「それをしてもうまくいかない」というなによりの証拠です。逆に、「理由がないけれどそこにワクワクする」というのは、なによりも「それをする理由」になります。私たちは、自分自身の感覚にもっともっと素直になればいいのです。

あなたのエネルギー、気、意識の力は、あなたが思っている以上に動き、影響を与えています。モヤモヤした気持ちになるということは、「モヤモヤの気を持つ」ということです。そう感じるものとつながっていれば、相手にその気がなくても知らぬ間に影響を受ける……相手に「その気」があれば、さらに大きなダメージを受けるのです。

この数年ですっかり一般のツールになった「SNS」も、人に影響を与えるだけでなく、その人自身のエネルギーを漏らすことになる場合がたくさんあります。

匿名で悪意のある書き込みをするのは問題外ですが、もっとわかりにくく巧妙に紛れているのが、フェイスブック（FB）などでの「アピール写真」です。私自身は、もともと他人のブログやFB、ネット関係にはほとんど興味がないのですが、その日的でじっくり見てみると、たしかにある……「こんな（すごい）人と友達」をアピールしている写真、「毎日たくさんの人に囲まれて楽しく過ごしています」という充実アピールばかりのFBなど（笑）。

大事なことは、その人たちはその人たちのやり方でいい（それで成り立っているから）、ということ……ただ、あなたが見てそこに違和感があるのであれば、そこに付き合わなくていい、つながらなくていいということなのです。

面白いことに、同じような写真を載せていても、まったく嫌なものは感じられない、という人もいるものです。Aさんの写真の載せ方は「アピール感」が満載だけれど、同じような写真を使って同じようなことを書いているBさんからはそれを感じない……これはなぜかと言えば、発信する人自身のエネルギーが違うからです。

すべての動作にその人のエネルギーが乗るので、その人がそれをアピールしたいと30％思っていれば、それを受け取る側も30％分のアピール感を感じます。本人にまったくその意図がなければ、同じ写真を使っていても違う印象で相手に届くのです。

私の友人で、自慢話が多いのに少しも嫌なエネルギーを感じさせない人がいます。その人の話を聞いていると、かなり（どころか、ほとんど？）自分の自慢話ですが（笑）、男女問わず、誰もその人に嫉妬や嫌悪感を持ちません。むしろ、その人の人生の楽しそうな様子、愛に溢れた感じが伝わって来るのです。

これは、その人自身が本当にその話を面白がって話しているからでしょう。ただ純粋に「いい！」と思ったことを人にシェアしているだけなのです。（それがたまたま自分の話だった、というだけで（笑）。）

この人は常にたくさんの人たちに囲まれていますが、そこにはなんのモヤ感もありません。まさに、高い精神レベルで普通にしているだけで勝手に人が集まって来るスタイルです。そこに幸せアピールも充実アピールもなければ、営業意識もないので、誰もなんともイヤなものを感じないのです。

以前、「ネットからの中傷や、批判が来るのが恐ろしくて、自分から発信することに憶病になってしまう」という質問を受けたことがありました。

引き寄せの法則から言えば、その人自身のエネルギーと同等のものが引き寄せられてくるので、「中傷が来たらどうしよう」と思っていれば確実にそうなります。そう思う割合に比例するからです。「そういうエネルギーレベルのものは、私には来ない」としっかり線を引けばいいのです。

そのような被害のまったくない人は、「そんなこと、考えたこともなかった」という捉え方をしているものです。つまり、考えない（意識を向けない）ことで、それが自分の世界に起こることを自然に防いでいるのです。

同じように考えると、ネット上に悪意のある書き込みをする人たちが、そのエネルギーと同じものを自分に受けていないはずがありません。マイナスの波動に自分を合わせ、そこにマイナスのエネルギーを乗せて拡散したわけですから、その拡散した分と同じものを引き寄せます。

すると、その人自身の状況がさらに悪くなるので、その腹いせでまた同じことを繰り返すという悪循環にはまっていく……結局、それをして傷つくのは、言われた（書かれた）側ではなくその人自身なのです。

ですから、それらの人たちを批判する必要はなく、そこにあなたのエネルギーを合わせなければいいということです。そこにいちいち反応していると、あなたのエネルギーが漏れていくからです。

世の中にある望ましくないものには焦点を当てない、意識を合わせない、同調しない……批判をするのも、そこにエネルギーを与えるのと同じです。

✩去るものは追わなくていい理由

あなたの精神レベルが上がると、「似て非なるもの」に敏感になります。新しいレベルに応じた人と知り合ったり、ウマが合うようになるので、前は気にならなかったことが気になるようになるからです。

このとき、これまでの関係性に執着したり、離れたくなる感情に罪悪感を持ったりすると、新しいレベルの人たちと出逢うチャンスを逃すことになります。以前の波動に自分の意識が向いたままになっているからです。

今のレベルで引き合う人が、今のあなたに必要な人です。

「必要な人」という言い方をすると、「必要がなくなったらポイっ」というように誤解をする人がいるかもしれませんが、そうではありません。お互いのタイミングが合わなくなり、今はお互いに役目が終了した、ということです。

時が経ってお互いの波動が合うようになれば、また別の形、別の役割で再会することはよくあります。（そのときは、お互いに以前とまったく違うエネルギーで出逢うので、前に離れたときとは違う関係が展開されるはずです。）

また、そのままの関係が自然に続くのであればそのままでよく、これまでの人をすべて総とっかえする、ということではありません。

自然の流れで誰かと距離ができたり、離れるような現象が起こったら、そのままにして大丈夫（そのままにしたほうがいい）という意味です。

私のまわりに、「この人は明らかに幸せの国で生きている、Aの世界の住人」という人たちのグループがあります。（「似て非なるAの世界」の住人ではなく、本物のAの世界の住人です。）

その証拠に、この人たちと行動を共にしていると、その高いエネルギーレベルがそれぞれに影響を与え合うので、一緒にいる人たち全員の力が開花し、それぞれの思いや夢が実現する……簡単に言えば、良いことが次々と起こるのです。

このグループに、Bさんという女性がいました。

Bさんは（良い意味で）思い込みが強く、私たちは彼女の前向きな明るさに引っ張られ、あるとき、Ｂさんが企画した大きなプロジェクトを手伝うことになりました。ほんのお手伝いのつもりがあっという間に運営メンバーとなり、その年の印象がそのプロジェクト一色になるくらいの大掛かりなものとなりました。Ｂさんの強いイメージ力が引き寄せを起こして、進む途中にも様々な楽しいことが起こり、そこに関わったすべての人の気持ちが盛り上がる、とても充実した思い出深いイベントとなったのです。

ところがそのイベントの翌年から、Ｂさんからの連絡がパッタリとなくなりました。なにかトラブルがあったわけでもない、誰かの環境が変わったわけでもない……ただ少しずつ縁遠くなり、ついにまったく音信がなくなったのです。こちらから連絡をすれば返信はあるそうですが、前の年にはいつもそのメンバーで集まっていたところから突然抜けた、という形となったので、突然！　という感覚は誰にもあったことでしょう。

このとき、Ａの世界の人たちはそこに特別な「色付け」をせず、「それはそれでよし」という自然なこととして受け止めます。

「去年、私たちがあれだけ手伝ってあげたのに！」というような、過去に対する恩着せがましさもなければ、「なにかあったんじゃないだろうか？」という余計なおせっかいもありません。本当になにかがあり、助けが欲しい場合はこちらに連絡があるわけですから、「知らせない」ということは「今は触れられたくない」ということ、必要以上の同情は無用だからです。

「今はなにか違う方向へ気持ちが向いたのだろうから、それはそれでいいんじゃない？」と全員が思っている……起きていることに「良い、悪い」という判断（色）をつけていないのです。むしろ、

「このさっぱりさがすごいよね‼」

「なにか大きなことを一緒に成功させたときって、しばらくはその思い出に浸ったり、そのメンバーだけで集まりたくなったりするけど、それを理由にいつまでもつるむ必要はないよね～（爆笑）」

という笑いや感心のネタになっているのです。

過去の出来事への義理はなく、そのときのその人の気持ちを尊重し、変に感情的にならず……もちろん、彼女が再び連絡してきたときにはいつでもウェルカム、という状態です。

この状況を、誰かひとりでも違うエネルギーで捉える人がいれば、違う質の出来事として展開していくでしょう。社内の人間関係でも、友人同士でも、お子さんのママ

友同士でも、全員がＡの世界の捉え方をしていればトラブルなどにはなり得ないことなのに……という状況はたくさんあるはずです。

✪モヤっとする人から距離を置く方法

「似て非なるもの」を含め、本気で離れたい人とは、「まず心の中で線を引く」と先に書きました。あなたのイメージの世界で、境界線を引くのです。

「線を引く」と決めただけで、あなたのエネルギーは強まります。

「エネルギーの強い人には、幽霊のような次元のものはとりつかない」と言われるように、強くぶれないエネルギーで人の邪気をはらうイメージです。

さらに、あなたの全身を光のオーラで覆うような、「結界を張る」イメージも効果的です。陰陽師の世界では、実際に良からぬものから身を守るために結界を張るものです。

正式な方法は私にはわかりませんが、どんなことでも、結局最後はそこに込められている本人の意識の強さにかかってきます。

イメージの中で、あなたのエネルギーの膜が全身を覆い、他の異質なものをはねのける、というイメージを持ってみてください。

上からスッポリと
キラキラのシャワーが
覆うイメージで

私自身、この方法を人から聞いて実践していたところ、あるとき能力者の友人に「今日の帆帆ちゃんのエネルギー、すごく厚くて膜のように全身を覆ってる」と言われたことがありました。このようにチェックしてくれる人がいてもいなくても、強くイメージしたことは、外側に表れているのです。

同時に、現実的にも可能な限りその人から距離を置くことが大切です。

会うたびにモヤモヤしているのに、どうして離れようとしないのか、それは下記のような思いに引っ張られているからでしょう。

1、今、特に大問題があるわけじゃないから
2、急に離れては悪いから
3、向こうが求めてくるから
4、これまでの関係、お付き合いがあるから
5、こんな感覚だけで人を遠ざけていたら、自分がひとりになってしまうから
6、楽しい話や情報が入って来なくなってしまうから

1と2は、すでに解決済みです。

1、今、特に大問題があるわけじゃないから

目に見える事件がなくても、あなたがその人に対して感じるモヤっとした思い、それがたまり続けること自体が問題なのです。それはあなたのエネルギーを漏らし、あなたの他の部分に飛び火します。いつまでもそこに焦点を合わせていると、あなたの「人と出逢うステージ」が上がらないのです。

2、急に離れては悪いから

先に書いたように、拒絶して別れたり、この感覚をまわりに話して無視をしたり、相手に話して遠ざけることではありません。ただ、あなたの判断で距離をとることができるのであれば、自分のエネルギーは自分で守ってください、ということです。すべてのものに無防備になっていると、すべてのものから影響を受ける……なにから影響を受けるか自分で決めてください、ということです。

3、向こうが求めてくるから

会いたくないけれど、「向こうが会いたがっているから会う」、という場合、あなたになにかを解決してもらおうとしている場合と、あなたから元気になるなにかをもらおうと、無意識に期待している場合とがあります。どちらの場合も、会ってあげるほうが親切に感じるかもしれませんが（会わないと冷たいと思われるかもしれませんが）、それは勘違いの場合もあるのです。前者の場合は、いつまでもあなたを頼り、あなたがいなくてはなにもできないという依存者を増やすことになります。その人が自分で気付くチャンスを奪っていることにもなるかもしれないのです。後者の場合は、まさに無意識にあなたのエネルギーを吸い続けることになります。あなたが会って楽しくないのであれば、それは相手にも伝わります。エネルギーの流れが一方通行になっている……だから会うと疲れるのです。

4、これまでの関係、お付き合いがあるから

これからの時代は、本物（本当にエネルギーの循環がある者同士）の関係だけが残るので、「会うと（考えると）モヤモヤする」と感じる時点で、本来はお付き合いしなくていい関係です。その関係を続けていても、似て非なるものなので、恐らく、いざというときにお互いの心をわかち合える本物の関係にならないはずです。つまり、頑張って守る必要のない関係です。そして繰り返しますが、ケンカ別れで離れるわけではないので、これまでの関係が悪くなるわけではありません。一生続けていきたい付

き合いではないのに、社会の常識や「こうあるべき」で頑張る必要はない、ということ、そこにエネルギーを使っていると、本当に大事な人と出逢えなくなります。

5、こんな感覚だけで遠ざけていたら、自分がひとりになってしまうから

入って来るものを制限するようになると、余計なことにエネルギーが漏れなくなるので、あなたの精神レベルが上がります。すると新しいステージでの交友関係が広がります。これまでになかったような新しい世界の人たちや、ワクワクするような出逢い、もっと感性の合う人など、あなたが「出逢う人たちの種類が変わってきた」と実際に感じるような出逢いが始まります。ですので、人数は減ることになっても、少数精鋭のベストな人たちと仲間になるのです。これらはすべて、自分から出逢いを求めてどこかに出かけたり、名刺を配ったりするような種類のことではなく、自然に起こることです。

6、楽しい話や情報が入って来なくなってしまうから

あなたに必要な情報は、人からだけ入って来るのではありません。あなたのまわりにあるあらゆるものが媒体となって、今のあなたに必要なものを教えてくれます。

「ふと目に留まるもの」、「ふと心に残るもの」、「通りすがりの人から耳に入って来る言葉」など、すべてに偶然はありません。あなたの知りたいことを宇宙に正しく質問していれば、次になにをすれば良いか、どこから動き出せば良いのか、などの方法も含めて、答えがやって来るのです。(この方法については4章へ。)

直感、夢、偶然の一致など、より神秘的な方法を通しても情報はやって来ます。むしろ、モヤっとするものや人に焦点を合わさなくなってきたことで、エネルギーがクリアーになるので、以前よりもっとそれらを感じることができるはずです。

以前は「ただの偶然かな?」と思ったり、特殊な世界の考え方だと思ったりしていたことが、自分の生活に実際に起きていると実感するようになります。

もちろん、情報が人から入って来ることもありますが、それは通行人かもしれないし、まったく関係ないところで会う仕事先の人かもしれないし、ご近所さんの何気ない言葉の場合もある……「あの人は情報をたくさん持っているらしい」という人から入って来るものではないのです。ですから、情報が入ってこなくなるから、というような理由で本音ではない関係にしがみつく必要はまったくないのです。

✩人嫌い!? それはあなたの精神レベルが上がるときかも！

「情報は、自分のまわりのあらゆるものからいつでも入ってくる」ということが本当の意味でわかると、なにかを得るために、情報を入れるために、付き合いを広げるために、というような目的で人とのつながりを広げることはなくなります。

本当の意味で自分と合う、少数精鋭とだけエネルギーを交流させていけばいい、ということがわかり、安心して、あなたが本当に好きな人とだけ付き合っていけるようになるのです。

誰彼かまわずたくさんの人と常に群れていると、あなたのエネルギーは雑多で粗雑なものになります。

もちろん、その人の立場上、たくさんの人と会うことが役目のひとつになっている人もいます。ですがそれでも、その人の本来のエネルギーを質良く守るためには、自分のつながりたいもの、影響を受けたいものを自分で選び、ある程度制限することが必要になってきます。どんなにそれらに影響を受けないと決めていても、それに揉まれていれば、それなりの雑なエネルギーになっていくからです。（雑なエネルギーになれば、本当に大事な人への対応がおろそかになっていくのは当然です。）

特に、あらゆる情報がネットから簡単に手に入る現代では、普通に暮らしているだけでも必要以上の情報が入って来ます。玉石混交のエネルギーに触れ過ぎていると、本来のあなたの直感力が薄れていくのです。

自分のエネルギーを
質の良い状態にしておいて
そこに反応する少数精鋭でいい

これを突き詰めていくと、どんどん付き合う人数が減っていき、一瞬「人嫌い?」と感じるような状態になることがあります。

「自分としては、少数精鋭の大好きな人たちとエネルギー交流しているので、とても落ち着いているし満ち足りている、しかし世間を見ると、もう少し交流の輪を広げたほうがいいのではないだろうか?（このままで大丈夫だろうか?）」と感じるようなことです。

結論から言うと、大丈夫なのです。むしろ、精神レベルが高く、質良く幸せに暮らしている人たちは、誰でも一度はこの状態を経験しているようです。

つまり、はじめは人の広がりを追っていた、しかしあるとき「本当に質の良い、自分と合っている人とだけ付き合えばいい」とわかった、しかしそれが進むと、どんどん少人数で満ち足りるようになってしまい、「人嫌い」かのように交流する人数が減っていく、という感情の流れを経験しているのです。

ところが同時に面白いことは、「その状態に突入すると、自分が本当に心魅かれることだけに集中していくので、引き寄せの力が高まって、夢や思いがどんどん実現していく」という状態になることです。

以前よりも人と会う時間が減ったから、情報も減って活発ではなくなるかと思いきや、むしろ逆……自分の夢や思いに必要なこと、本当に知りたいことがあらゆるところから入ってきて、それに気付くことができるので、良い意味で忙しく、夢や思いが実現しやすくなるのです。（あらゆるものから情報を受け取る方法は4章で）

余計なところにエネルギーを割く時間がなくなるので、以前よりも時間ができるのでゆったりする、それなのに、必要な情報は集まって来るので思いが具現化するスピードは速くなり、ゆっくりしているのに物事の展開は早いという、「時間の伸縮」を感じるようになるのです。

私の友人（Sさん）が、半年ほど前からこの段階に入りました。Sさんはコンサルタントでありカウンセラーですが、これまで広げてきた顧客数を、（簡単に言えば）減らしていくことに決めたのです。自分のアドバイスを本気で聞いていない人、本気で変わろうと思っていない人、つまり、「この人と向き合うのは、自分でなくてもいいな」と感じる人（お客さま）からは遠ざかることに決めたのです。

本気で変わろうと思っている人は、アドバイスしたことをきちんと実行している……なにかと理由をつけて結局やっていない人だけが変わらないのです。（ですから、前回とまったく同じアドバイスをすることになります。）

Sさんがいつも優しく構えているところに依存を生むことに気付き、その人が自分で気付いて行動できるようになるための決断です。もしSさんが、「お金を払ってくれるお客さま」という目でその人たちを眺めれば、依存させていつまでも通わせていたでしょう。ある意味、愛のある決断をした結果、離れるという選択になったのです。

その中には、それまでのSさんの友人知人も多く混じっていたために、「ここまで制限していって、大丈夫だろうか」と思ったときもありました。人が減る＝お客さんが減る、生きていくことができるだろうか、という思いが頭をかすめるのです。

結果的に、1年経った今、Sさんは本当に自分を必要としている人のためだけに時間を使えるようになり、これまで自分に覆いかぶさっていたエネルギーを整理したことで、新しい世界の扉が開けたと言います。新しいSさんにふさわしいお客さまが集まり始めたということでしょう。同時に、以前から計画していた別の仕事も始め、別人になったかのような意識の広がりを感じているそうです。

その状態になってみてはじめて、いかに前の状態が余計なエネルギーによって曇らされていたかがわかったと言います。そのエネルギーを整理した途端、これまでとまったく別の世界の人たちと自然な形で知り合い、はっきりと「次のステージになった」ということを感じるのです。

誰でも、その人なりに人の広がりを追いたくなるときはあります。特に初期の段階はそう……「できるだけたくさんの人に会ってネットワークを作る、好きではないけれど、人脈のために足を運んだほうがいい」と思いがちです。

ところが精神レベルが上がると、そこに違和感を持ち始め、自分に入って来るものを制限する段階に入ります。このときに、「え？ 人嫌い？」の状態を一瞬感じるのです。ですがそれは問題ない……むしろ精神レベルが上がっていくときに一度は経験する状況なのです。

✿家族でさえ、違う国行きの列車に乗っていい時代が来ている

これまで、本当の「類友」によってそれぞれの進む世界が変わってきた、そしてそれはそれぞれの世界の人たちにとって居心地の良い結果になっている、ということを書いてきました。

究極を言えば、これからの時代は家族でさえ違う列車に乗り、違う世界に進むことがあるはずです。大事なことは、その人にとって居心地がいい価値観の世界へ進んでいくことなので、悪いことではまったくない、ということです。

他人が自分とは違う価値観を持ち、物事を違うように捉えて違う列車に乗ることは、受け入れられるものです。ところが同じことを家族がしようとすると、途端に嫌な気持ちになる……誰でも、自分の家族は自分と同じ方向を向いて、同じことを思ってほしいからです。（そう思ってしまうのが普通です。）

ですが、本当の意味でひとりひとりが自立すると、大きく言えば家族も他人なのです。血はつながっていますが、ひとりひとり固有の価値観と考えを持つ存在で、家族だからといってなにかを強制したりすることはできません。

これまでにも、夢を実現するための本で何度も書いてきましたが、たとえば、代々受け継がれている仕事や職業などがその家族にある場合、同じ仕事を子供にもしてもらいたい、と思うのは普通です。ですが、それが向いている子もいれば、向いていない子もいる……同じ環境に育っている兄弟姉妹でも、なににワクワクするか、なにに興味を持つかは同じではありません。その人（子供）が本気で興味を覚えるワクワクすることにその人の使命があるので、同じ環境に生まれているというだけで、本人が望んでいない状況を押し付ければ、それが原因で後で必ず問題が起きてくるものです。

本音ではないことを無理に続けさせられた結果、年齢が進んでから、「自分の本当に好きなことは何だろう？　自分は一体何をしたかったのだろう？」という「生きる意味」に悩まされたり、何かが起きたときに乗り越えることができなくなったりする……まさに、目の前の作業に自分のエネルギーを乗せることができなくなるのです。

親の思いや考えとは違う方向に子供が進もうとするとき、「親のために生きないと……」という思いに縛られて、その人の足かせになっていることがよくあります。たしかに、これまでの感謝や「みんなが幸せになる生き方」は永遠に持ち続けるものです。ですが、あなたの人生はあなたのものです。

「親のために（親が望むような形で）生きようと思うと、自分が今進んでいるものや環境を諦めなくてはいけなくなる」という状況（そして、それを説明しても親や家族は理解してくれない状況）は、まずなによりも、あなた自身が幸せになることです。この状況を相談してくる人たちのほとんどが、最終的に、その人自身が幸せになった姿を見せることによって、親が納得し、打ち解けていく結果になります。最終的に親が望んでいることは、子供の幸せだからです。

親にとってみれば、自分とは違う考え方の他者を受け入れる、という執着を外す過程（勉強）になるのです。


家族が他人、という捉え方は寂しいことではありません。同時に、血のつながらない他人であっても、家族と同じように心を通わせ合える人がいれば、血がつながっている家族のように触れ合っていけばいいのです。

つまり、「家族は他人であり、他人も家族である」ということです。「家族だから、〜〜しなければならない」「家族だから、同じように思えないのは悲しい」という、妙な色付けが生まれる枠組みは必要ない、ということです。

今日本では、世帯数1人（ひとり暮らし）が一番多い暮らしの形だと言います。

これは、ひとりひとりが自立した感性を持ち始め、本当の「類友」が始まっている証拠です。「表面的には似ているけれど根底は違う」という人とつるむ必要はなく、自分の居心地の良さを追求していく人が増えているからです。

そのため、現代の「おひとりさま」は、昔で言うところの「独りぼっち」という寂しさの感覚はなく、自分で積極的にその形を選び、満喫している人が世代に関係なくたくさん見られます。（たとえば、「一緒に住んであげたほうが寂しくないだろう」という子供側から親への目線も、意外と大きなお世話、という事実も多々あるそうです！）

同時に、この数年「シェア・ハウス」という、人と一緒に住む形も見られるようになりました。経済的な理由だけでシェアをするのではなく、「〇〇が好きな人同士」「〇〇を求める人同士」など、共通の趣味や枠組みでシェアするスタイルも増えています。

どんなものでも、時代と共に変わるのが普通です。家族の形が、昔の大家族から細分化してひとりになった……いずれはまた人と集まり、昔の大家族のような形で暮らす形が増えてくるかもしれません。そのときの枠組みが、必ずしも「家族や血縁」だけではなく、それぞれの感性、価値観、好みで他人ともつながっていいということです。

この流れを見ると、それぞれの人が自分の居心地の良いスタイルを探しながら、「みんな違ってみんないい」を感じ始めているような気がします。

「大家族の良さが失われてきている！」という残念な話ではなく、大家族でもいい、ひとりでもいい、他人と一緒に住んでもいい、とそれぞれのスタイルを認め合う、時代に合った流れになっているのです。

第3章 すべてに偶然はない

✫こういうとき、引き寄せの力が強まる

「Aの世界の人たち＝精神レベルの高い人たち」に絶対的に共通している考え方のひとつは、「起こる物事のプラスの面を見る」ということです。

この世の「引き寄せの法則」からすると、その人が強く長く考えたことを優先的に現実に引き寄せます。強く思うことは、たとえその思いが短くても（一瞬でも）引き寄せる力が強く、同時に毎日考えていることは、強くはなくても積み重なって量が増えるので、引き寄せる力が強いのです。

Aの世界の人たちのように物事のプラスの面を見る癖がついていると、プラスのこ

とを考えている時間が自然と長くなるため、プラスのことしか起こらなくなります。

日常生活であなたの気持ちが強く盛り上がったときに、引き寄せの力は強まります。たとえば、好きなことを見つけたとき、興奮したとき、なにかに感動したとき、心が震えたときなど、嬉しいことでも悲しいことでも感情の盛り上がりが起こったときの意識の強さはすごいものです。

その感情は、他人に止められるものでもありません。また、他人から無理に盛り上げられるものでもありません。「これが好き、嬉しい、どうしても気になる」、または「嫌い、恐い、（悪い意味で）どうしても気になる」という思いを持つとき、そこに理由はないからです。


数カ月前、仕事で、アラブ首長国連邦（United Arab Emirates　以下ＵＡＥ）にある「ドバイ」を訪ねました。

事前の予備知識はほとんどなく、依頼されるままに「なぜ今このタイミングでドバイなのだろう？」という感覚で向かいましたが、わずか８日の滞在で、すっかりドバイに魅了されてしまったのです。

「アラブ」と一言で言っても、歴史背景や文化の異なるあらゆる国があり、私が見たのはあくまでドバイの一部ですが、現地で垣間見たイスラムの文化、ドバイの経済発展の仕組みと海外に対しての柔軟な姿勢、そこで出逢った魅力的な人たちなど、帰国後も、気付くとドバイのことばかり考えている自分がいました。私としては「好き」という感覚に過ぎませんでしたが、今思えば、あの時期は、私のエネルギーが「ドバイ」という一点に集中して蒸気を噴き出すほどの集中力だったと思います。

そこまで強く意識すれば、現実の世界に引き寄せを起こして当然です。

帰国後、「アラブ、ドバイ」などに関係のある、あらゆる種類のことが集まって来ました。

以前からの知り合いが、大学時代にアラブ諸国の歴史を専攻していたことがわかり、現在のドバイやアラブの文化について話が盛り上がったり、私がイギリスに留学していたときに友達だったアラビア人の名刺が思わぬ場所から出てきたり、いつも見ているＮＨＫの新しいドラマの舞台がイスラム社会の国であったり（笑）……これらは小さなことですが、少なくとも、ドバイに行く前より確実に「アラブ」に関係あることが寄って来るのです。もっと現実的で未来につながっていくような引き寄せも続いています。

人の意識の盛り上がりが目に見えるとするなら、私が「アラブ」にアンテナを立てた瞬間から、そのエネルギーが四方八方に飛び、それと同じエネルギーのものを捕まえて来る、ということを短期間でリアルに立証したような感じでしょうか。

逆から言うと、**心の思いを現実にするときには、「その思いが本心から出ているものでなくてはならない」ということです。誰に押し付けられたものでもなく、あなたが考えて無条件にワクワクしてしまうこと、それが一番、力が強いからです。**

意識にアンテナを立てると、
これと同じエネルギーが
四方八方にのびて、
見合うものを捕まえてくる

そこまでの強さはなくても、あなたが毎日考えていることは（量が多いので）引き寄せる力も強くなります。たとえば、あなたがなんとなく漠然と抱えている不安や、特定のなにかを心配する気持ち、日頃の考え方の癖から来る小さなマイナス思考なども、知らないうちにパワーを持ち、それと同等のものを引き寄せ始めます。

「不安なことや心配していることに限って現実になる」ということが多いのは、不安や心配は（本人が気付いていないうちに）そこを思っている時間が長いからなのです。

プラスでもマイナスでも、それを考えている時間が長ければ長いほどパワーがたまり、それが一定量を超えると実際に現実に形をとり始める……ということは、「考えても解決しないこと（どうしようもないこと）は、考えなくていい」ということになります。

心配事の場合、考えないと解決しないように感じられ、考えないことはそこから逃げる、放棄する、頑張っていないというような感覚がありますが、むしろ逆……本当にそれを解決したいと思ったら、今のあなたが考えても手に負えないことは、頭から出してしまうことなのです。

「考える」「思う」というのは、「そこにエネルギーを注ぐ」ということです。つまり、望まない不安や心配事を（解決策がないのに）いつまでも考え続けるというのは、そ

れが実現するための栄養分を与え続ける、ということなのです。

人が不安になっているときの集中力はすごいもので、一点を見つめ、まだ起きてもいないことを先回りして想像していきます。その想像が詳しくなればなるほどパワーが生まれ、それと同じ質のものを引き寄せやすくなるのです。

もちろん、小さくても毎日プラスに思い続ける意識も、確実に引き寄せを起こします。夢や望みを思うワクワクした気持ち、誰かを思う祈り、無意識に使っている言葉の言霊の力など、たとえ一瞬でも積み重なれば、同じ種類のものを引き寄せます。これらすべてを総合して、その人の中にたまっているプラスとマイナスの量によって、その人に起こることが決まるのです。

☆不安をはらう方法、いろいろ

なにか心配事があるとき、それをほんの少し思い出しただけで、急に黒雲が心に広がるように、心臓がグッと引っ張られるような感覚になることがありませんか？

この黒雲が広がっているとき、実際にマイナスのパワーがあなたを満たしているのです。

朝、目が覚める直前、ぼんやりとした夢見心地のときに不安なことを思い出すと、一気に目が覚めるときがあります。それくらい、「不安になる」という意識には強い力があるのです。


心が不安になるたびに、あなた全体から不安という波動が宇宙に向けて発信されています。宇宙には、「良い悪い」の判断がなく、その人の波動にふさわしいものを引き寄せて来るだけなので、不安になることを繰り返していると、宇宙から見れば、「不安」を求めているのと同じになるのです。

不安になるたびに
放射線状に
「不安」の波動が広がる

この状態になったら、1秒でも早く、その不安から意識をそらすことです。

あなたがやっていて楽しいこと、はまっていること、または今日これからやること、好きなもの、少し先の楽しみな予定、きのうの友達との会話など、どんなことでも構わないので、別のことを考えてそこから意識をそらしてください。長く深く、不安の感情を味わわないことがポイントです。


「顔をブンブン振って、不安をはらい飛ばすようにする」

「カチャッと映像を切り替えるイメージを持つ」

「実際に手ではらいのける」


など、あなたがしっくり来る動作をつけるのも効果的です。

それでも気持ちが切り替わらないときは、不安に思っている今のあなたを、少し離れたところから観察してください。あなた自身を斜め上のあたりから見つめる感じです。人によって、頭のすぐ上だったり、天井近くであったり、後ろから見ても構いません。


「ああ……私は今、あれについて不安になっているんだな」


と、一歩引いて自分を眺め、不安になっている自分をゆっくりと観察するのです。

同時に、一本のリボンのような、今のあなたから先に続いている人生全体の道をイメージしてください。

あなたの人生全体を考えると、今の不安はほんの一点です。恐らく、これから先1年、半年、数カ月だけの流れを見つめても、ほんの一部に過ぎません。

今の不安はほんの一瞬だけ、思わずそうなってしまっただけなのです。

「自分が心配しているあのことは、いずれはうまくいくのだけど、今は先が見えないから思わず不安になってしまっているだけなんだな」

と、整理するのです。

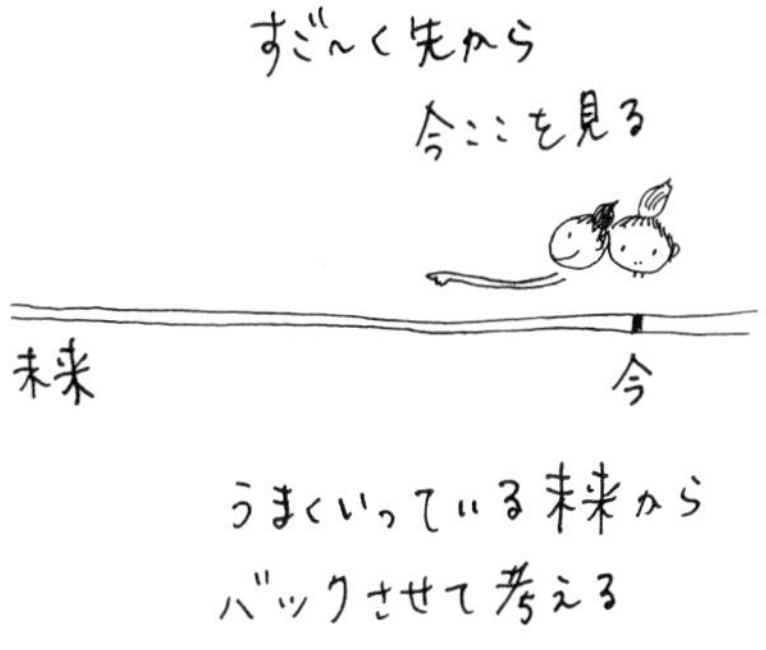
すご〜く先から
今ここを見る
未来
今
うまくいっている未来から
バックさせて考える

普段は「それ」についいて明るくイメージしていても、なにかの拍子にふと不安になることは誰にでもあります。そして、「どうしていつも良いイメージを持ち続けられないのだろう」と自分自身にへこむのです。

「ほんの一瞬だけ、思わず不安になってしまっただけで、そんなことを今思う必要はなかったんだ」と思うと、その瞬間、フッと気持ちが解放されます。「そうだ、大丈夫だったんだ」と、本来のうまくいく流れのほうを思い出す感覚です。

「不安になってはいけない！」と否定されると、かえって不安が消えなくなってしまうものです。また、「その意識が現実に影響を与える」という法則を知ると、少し不安になっただけで、それが悪い影響を及ぼすのではないかという思いが抜けなくなってしまう人もいるでしょう。

でも、大丈夫なのです。全体の流れから見たらその不安は一部……一生懸命考えるあまり、思わず不安になってしまっただけなので、それを深く味わう前に意識をそらせばまったく問題ありません。

同時に、こういうときこそ「意識の力」を思い出すことです。

宇宙は、あなたの「期待する」という感覚に反応します。（すべての感覚に反応する

のです。）あなたがその状態が良い方へ行くように本気で期待すれば、それにふさわしい方へ流れていくのです。

「自分の心が明るくなるものだけにフォーカスする」ということを再確認するために必要な心の揺れだった、と捉えればいいのです。

ただ、不安を野放しにしてはいけません。なんとなく漠然と思ったことでも、それが長く積み重なれば、確実に現実に影響を与えるからです。

2章に書いた、「モヤモヤする人と会い続けていると、ひとつの部分でのエネルギー漏れが全体の運気を落とす」ということと同じです。

漠然とした不安は、「本来の流れ、考えてワクワクするところに意識を戻そう」ときちんとはらっておくことが大切です。

また、使う言葉も同じです。もし「〇〇になってしまったらどうしよう」とか「うまくいかなかったりして……」という言葉を思わず使ってしまったら（人間である以上、誰でもあります）、すぐにそれを否定しておくことです。

私がよく使う方法は、「〇〇（否定的な言葉）……と思ったけれど、大丈夫！」と、後から盛り返しておく方法です。たとえば「うまくいかなかったらどうしよう……と思ったけれど、うまくいくから大丈夫っ!!」という具合です。

はじめは、子供だましのようなおまじないのように軽く考えていたのですが、意識の力と同様、言霊の力の強さ（ある意味恐ろしさ）を知った今では、これはとても理にかなった、ものすごく重要なことだと実感しています。

✫幸せの国の人たちは、「信じる力」がすごい！

Ａの世界の人たちと、それ以外の世界の人たちの違いは、引き寄せの法則（宇宙の仕組み）をどこまで本気で信じているか、という信頼度です。

私自身、はじめて引き寄せの法則を知ったときは、「そういうこともあるだろうけれど、そうではないこともあるだろう」という程度の信頼度でした。

ところが、自分のまわりに起こることを注意深く観察するようになると、私が意識を向けたもの（その中で知らないうちに長く強く考えていたこと）は、それから数日のうちに必ず日常生活に引き寄せられて来ることがわかりました。

たとえば、先に書いたドバイのような引き寄せは毎日のように起こります。

久しぶりにある人を思い出して、「どうしているかな」としばらく考えていると、数日以内に必ずその人から連絡がある、あれが欲しいなと思っていると、それに関係のある看板や記事を見る（その看板はこれまでもそこにあったはずなのに、意識してはじめて目に入るのです）、あそこに行きたいなと思っていると、そこに行った人の話を聞くことになる……小さなことですが、あまりにもタイミング良く毎日のように起こると、「意識を向けたことがやって来る」、なんていうことは当たり前に感じられます。ちょっと思っているくらいでこの影響力ということは、本気でしっかり意識したこと、強く思ったことは、より確実に引き寄せられて来るということです。

ところが、強く思いたいこと、つまり本気で実現させたいことに関しては、それがかなうイメージをしながらも同時に心配してしまうのが人間です。「○○になる（する）」とイメージしながら、真剣なあまり、「でも実現しなかったらどうしよう」「方法がわからない」「前もうまくいかなかった」など、実現と真逆のことを考えている時間が多い……しかも本人はそれに気付いていないのです。

結果的に、実現するプラスのイメージと心配するマイナスのイメージと、両方のパワーが相殺されて、現実にはちっとも動きが出ないように感じられ、「引き寄せの法則はちっとも働いていない」と思ってしまうのです。

ところが、たとえば「ふと○○さんのことを考える」という思いにはマイナスの思いなどありません。「電話がかかってこなかったらどうしよう」なんて思うはずもなく、ただその人のことを考えているだけです。だから、純粋に力が強いのです。

私自身のことを振り返ってみたとき、考えていたこと（望んでいたこと）がそのまま仕事として依頼されるときも同じです。

「絶対にこうしよう！」という思い方より、一番はじめに楽しく思い描いた後、忘れているくらいの状態になっているものは、それから数カ月から数年の間に、確実に仕事として依頼されます。そこに、心配というパワーが入っていないからです。

このような、「なにも色をつけずに、ただそれを思っているような考え方」をしているものは、確実に早く現実に現れます。

この仕組みを50％くらいしか理解していないと、自分の夢や思いを曖昧にイメージして、イメージしながらたまに不安になったり、その感情を野放しにしながら、日常生活のモヤモヤしたものにも気まぐれに意識を合わせてみたりするので、すべての次元のものを散漫に引き寄せます。結果的に、思い描いている望みに引き寄せの力を感じにくくなるのです。

一方、この仕組みを100％信じている人たちは、はっきりとわかりやすく自分の夢を宇宙にオーダーし、途中で不安になってもすぐにそこから意識をそらし、日常生活で自分がモヤっとするものや人からは徹底的に距離を置いて、自分のエネルギーを守ります。その結果、邪魔をするものがないので引き寄せる力が強く、あっという間に現実に引き寄せるように感じるのです。

ですが、両者の使っている力（法則）は同じです。その徹底ぶり、深さ、明晰さ、信頼度合いが違うだけなのです。

✩それが起きた「直後に思うこと」が一番力が強く、現実を動かす

徹底的なプラス思考とは、その物事が起きた瞬間にプラスに捉える、というものです。その物事が起きた瞬間、その直後に思うエネルギーは強く、その物事の展開を左右するからです。

エネルギーの使い方を完璧にマスターしている人たちの話では、たとえば交通事故に遭った瞬間に、「絶対に助かる！　大丈夫！」と思う人たちと、「もうダメだ」と思う人たちとでは、被害の大きさに違いが出ると言います。

その事柄が起きた瞬間は、どちらにでも転がる可能性を持っているのです。そのときに、本人やまわりの人たちがどんな意識を持つかによって、その物事が「色づけ」

され、その物事の展開を決めていくのです。

「絶対に治る」と思っている人の病気は治りやすい、ということも同じです。まわりの人たちが最後まで諦めなかったから、というまわりの人たちの意識も影響を与えます。遠く離れた場所からでも、祈ってくれる人がいる場合とそうでない場合では、そこにも違いが生まれる、という実験結果もあると言います。

どんな種類のことでも、それをどちらに傾けるかは、それが起きたときにあなたがどんな意識を持つかにかかっているのです。

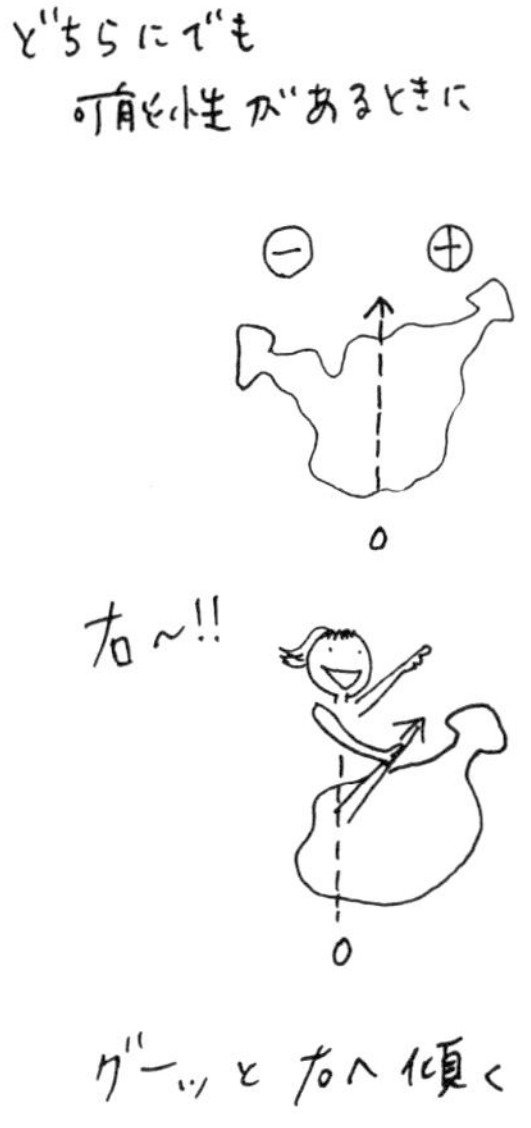

起こる物事のすべてをプラスに捉えるコツは、日常生活で簡単に練習することができます。たとえば、外出をして、車で道を間違えてしまったとします。慌てて正しい道に戻ろうとしたら、そこでもまた道を間違えた、新たに曲がった道が今度は渋滞していて……そんなことを繰り返しているうちに時間がなくなり、「本当は目的地に着く前に、あのお店に寄りたかったのに寄れなかった、せっかく早く家を出たのに（ガッカリ）……」というようなことがあったとします。

このとき、これをプラスに捉えるとしたら、

1、遅れたのは、見えないレベルでの時間調整で、交通事故に巻き込まれるのを事前に回避させてくれたのかもしれない。

2、本来の予定に遅れないために、他に寄りたいお店を思いつかせて、早目に家を出させてくれたのかもしれない。（本来の予定には遅れなくて良かった。）

3、あのお店には、はじめから寄る必要はなかったのだろう。

というように考えることができます。（他にもあるかもしれません。）

はじめのうちはくだらないと思っても、実験のつもりで、あえていつもプラスの捉え方をしてみるのです。

私自身もそうでしたが、「くだらない」と思うのは、普段はそう考えていないからです。もともといつもこのような考え方をしていたら、当たり前の普通のことなので「大げさ」とか「くだらない」とは感じません。

Aの世界の住人たちは、当たり前にこのような考え方をしています。

ポイントは、あなたの気持ちが楽になる捉え方をする、ということです。

「私の身の安全を守るために、わざと道を間違えさせてくれたのかもしれない」「早めに家を出たおかげで、遅れずに済んで本当に良かった」「あのお店に行っても収穫はなかっただろう」、と考えれば気が楽になる、ホッとする、モヤモヤしなくなる、心の平安が得られる……すべてにおいて、あなたが楽に思う捉え方をしていくことがポイントなのです。

✿失敗はない、すべて「それでいい(それがベスト)!」

先日、上記の3番を証明する面白いことがありました。

あることを調べるために、十数年ぶりに図書館に行ったときのことです。私の知りたいことは、インターネットでは不十分で、絶版になっている参考文献が近くの図書館にあることがわかったためでした。

ひとりが借りることのできる最大10冊を借りてきましたが、そんなにたくさん借りても一度に読めるものではなく、返却期日の前日までに7冊しか読むことができませんでした。ですが「せっかく借りたのだからもったいない」と、翌日のプライベートな予定を変更してまで、残りの3冊を読み終えたのです。

……が、結果的に言うと、その3冊は読む必要はなかったのです。その3冊に私の知りたいことは載ってなく、すでに読んでいた7冊に私の知りたかったことがすべて入っていました。つまり、3冊残ってしまったのは、私にとって失敗ではなかったのです。

講演会でも、これと似たようなことがよく起こります。

私は講演の内容についていつも大きなポイントだけを事前に決め、あとはその場の雰囲気で決めていきます。その場の話の流れで自然に思い浮かぶことを話したほうが、私の気持ちは乗り、私の気持ちが乗ったほうが会場の皆さまの「気」も乗るからです。

でもたまに、話そうと思って準備していたことが出てこないときがあります。突然頭から抜けてしまうのです。

「あれ、次、なんだっけ？　さっきまで覚えていたはずなのに……」などと考えながら、思い出せなければ、そのときに浮かんだ別の話をしていきます。

講演が終わってから話そうと思っていたことを思い出し、「どうして忘れちゃったのかしら……こんなに大事なことだったのに……」などと思いながら感想のアンケートを見てみると、忘れたことの代わりに話した部分こそが「今日一番面白かった話」の上位になっていることがよくあるのです。仕方なく別の話をしただけなのに、それが会場の皆さまには一番意味深い内容になっているのです。

このようなことを繰り返すと、自然の流れで起こったことは、すべて「それでいい」ということがわかってきます。あの話もしなくて良かったし、「あのお店に寄りたかった」というのも、寄らなくてよかったのです（笑）。

はじめは無理にそう捉えているような気がするものですが、先のような例が何十回も起こると、「自然の流れで起こったことは、そのままでいい（むしろそのほうがいい）」ということに確信を持ちます。

「失敗だと思っていたけれどそうではなく、実はそっちのほうが良かったんだ」と本

気で思えるようになると、その途端に気持ちが楽になります。起こることすべてに失敗はない、こんな小さなことまでベストなことが起こっている、と感じられるからです。

そして、事柄が大きくなっても同じように眺めることができるので、「失敗が起こる」という感覚自体がなくなっていくのです。

「あのとき、こうすれば良かった」「どうしてこうしなかったんだろう（ダメな自分）」ではなく、そっちのほうが良かった……すべて予定通りなので後悔はいらないのです。

✿席順にさえ、偶然はない

「すべてそれでいい（ベストなことが起こっている）」ということは、逆から言えば「すべてに偶然はない」ということです。

今日、あなたがどんなことに目が留まって、そのときなにを思うかも、たまたま座ったカフェの隣の席に誰が座るかも、偶然はないのです。

毎年、読者の皆さまと一緒に年に1回、海外ツアーをしています。行き先は毎回変わりますが、その国の私のお気に入りの場所、おススメのスポットを一緒にまわり、そこで起こる様々なことを一緒に味わっていただくツアーです。

インドネシアのバリ島に行ったときのことです。バリ島はさすがに「神々の島」と言われるだけあり、以前から、訪れる度に不思議なことが起こる場所でした。

その旅行でも毎日のように面白いことが起こるので、「不思議なこと」という感覚はだんだんとなくなり、「そのとき、その場所に集う人たちにぴったりのことが起きているのだろう」という捉え方を、誰もが自然にするようになっていました。

一般の観光名所としても有名な「ブサキ寺院（バリ島はヒンズー教）」で、参加者全員が正式参拝をするときのことです。

参加者の中に、見えないものからの声を受け取ることができる能力者（Dさん）がいました。Dさんによると、ブサキ寺院に入ったときから「こっち、こっち」と声をかけてくるものがあり、「どうしてもその場所に行ってみたいと思っていた」そうなのです。その場所とは、正式参拝をする場所からさらに石段を登った場所、一般の観光客には閉ざされているエリアでした。

正式参拝の後、全員でその場所に上ってみると、石畳のひらけたスペースが広がっていました。左手に「サラスワティ」の石像があり、この「サラスワティ」がDさんに声をかけていると言うのです。（「サラスワティ」とは、日本では「弁（財）天様」として知られる神様の元祖です。）

実はDさんは、このツアーに来るまでの半年間、日本で弁財天がおまつりされている神社を巡っていたそうなので、声をかけてきたものが「弁財天の祖」であった、ということがまず驚きに値することでした。このツアーを知ったときも、「とにかく、どうしても行かなくちゃ」という感覚になったそうですが、この弁財天様に呼ばれていたのでしょう。

Dさんは、サラスワティからのメッセージとして、今回のツアーそのものの意味と、参加者全員に来ている言葉を伝えてくれました。さらに、サラスワティの隣にあった踊り子の姿をした神様からもメッセージがあったらしく、それは参加者の中の特定のひとり（Kさん）に伝えられたのです。

その日の夜、全員で「ケチャックダンス」を鑑賞しました。

ある村の寺院の空き地で、村人全員が見守る中で踊られるケチャックで、観光用ではない、神様への奉納として踊られる本来のケチャックです。村の入り口には松明を持った少年たちが並び、彼らに誘導されて、村人と私たちだけが寺院の空き地に入りました。

「チャッチャッチャ」というあの独特の掛け声と共にダンスが始まり、ダンサーたちが少しずつトランス状態に入っていきます。裸足で火の球を蹴り合ったり、「よみがえりの儀式」が繰り広げられたりするという最高に盛り上がるクライマックスで、見物客から1名が選ばれて、ダンサーたちの中央に誘導されました。

そのとき選ばれたのが、昼間、ブサキ寺院で踊り子の神様からメッセージを受け取ったKさんだったのです。

トランス状態になっているダンサーたちの輪の中に突然立たされれば、普通はどうしていいかわからず棒立ちになってしまうはずですが、Kさんは、ダンサーたちの掛け声に合わせ、自然に体を動かし始めました。そのノリの良さに会場は茫然、爆笑の渦に包まれたのです。

後から聞いたところによると、Kさんはバリの衣装（腰に巻くバティック）や、舞台、踊りが学生の頃から大好き……とのこと。

踊り子の神様がKさんにメッセージを送る、そして、それをまったく知らないダンサーたちがKさんを選ぶ……やはり「たまたま選ばれる」というのも、偶然を装った必然なのでしょう。私たちにはわからない、意味があるのです。

さらに言えば、Ｋさんが座っていた最前列中央は、本来はツアー代表の私が座るかもしれない席でした。他の訪問先でも、代表としてたいていそこに座らされていたのですが、そのときだけ私は別の席に座っていたのです。Ｋさんが会場に引っ張り出されたときも「あそこに座っていなくて良かったぁ」と密かにホッとしていたのでした（笑）。

Ｋさんだからこそ、踊り子の輪の中に行く意味があった……たまたま座る席ですら、偶然はないのです。

座席に関してもうひとつ、「偶然はない（うまくできている）」を痛感したことがありました。同じく、読者の皆さまとの国内ツアーでの話です。

移動のバスの中で、毎回、参加者の皆さまから事前に寄せられた質問に答える「Ｑ＆Ａのコーナー」があります。その内容は多種多様……そのときに巡る神社に関係のある質問から、個人的な生活の相談、恋愛、結婚、育児、介護、美容についてまで本当に様々です。（匿名のため、どの質問が誰のものかはわかりません。）

初日の「Ｑ＆Ａコーナー」の最後に、そのときの中で一番内容の重い質問を読ませていただきました。他の質問より時間をかけて、「私だったらこう考える」という私見を皆さまにお伝えしたのです。

ところがその質問は、ツアーに遅れて参加する予定のＪさんからの質問でした。つまり私がその質問を読んだとき、該当者はバスに乗っていなかったのです。

翌日、「あれは私の質問だったんです」とＪさんから聞いてはじめてそれを知り、「それならば！」とバスで私の隣に座っていただくことにしました。そこでＪさんからより詳しい内容を聞くことができ、前日話したことに加えて、さらに深く話をすることができたのです。

Ｊさんは、はじめはツアーに遅れて参加することをとても残念に思っていたそうですが、遅れたからこそ、私の隣に座っていただくことができ、個人的にたっぷりと話をすることができた……遅れたのは失敗ではなく、それで良かったということです。そして私としても「いない人の質問を先に読んでしまった」と思う必要はなかったことになります。

さらに、他にも偶然を装った必然が隠されていました。

初日の夜、遅れて到着したＪさんが、ホテルで同室のＯさんにその日のツアーの様子を聞いたところ、「今日一番心に残ったのは、バスの中での質問でね……」と、Ｊさんの質問の話を始めたのです。（Ｏさんはもちろん、その質問がＪさんのものだとは知りません。）

なぜその質問がOさんの心に残ったかと言えば、Oさんがその質問の内容と同じ経験をしたことがあったからでした。Oさんは、自分も抱えていた過去の思いが、その質問を聞くことで改めて解消されたのです。ふたりが盛り上がるのは当然！　ふたりはその晩、様々なことを話し合ったと言います。

Oさんと同室だったからこそ、その質問の話になった……実ははじめの予定では、JさんはOさんではない別の人たちとの部屋でした。ところが、部屋を割り振るこちらのスタッフが、直前に部屋を変更したというのです。

席順や、くじ引きのようなものでさえ、偶然はない……ですから「あの席に座りたかった（のに座れなかった）」と残念に思ったり、ガッカリしたり、怒ったりする必要はないということです。

「もっとこうしたかった（どうしてそうではないのだろう）」と思いたくなるようなことも失敗ではなく、それで良かった、ということがわかると、とても穏やかな気持ちになります。自分が全力投球した結果、予定していたこととは違うことが起こったとしても、それを安心して眺めることができるのです。

その安心する感覚こそが、宇宙（自然の流れ）を信頼することになるので、その信頼感に呼応して、ますます自分にとってベストなことが起こるようになります。

✩誰でも思い通りの人生を生きている

Aの世界の人たちは、なにかが起こったときに、いつも「きっとそっちの方が良かったのだろう」という捉え方をしています。無理に「プラスに捉えましょう」としているのではなく、そう考える癖がついているからです。そしてその癖を繰り返しているうちに、物事が実際にプラスに転がっていくので、ますますそう思うようになるのです。

2章に書いた、私のまわりにいる「明らかにAの世界の人たち」と海外に行ったときのことです。

アテンドしてくださった現地コーディネーターの個人的な理由で、ホテルを出るのが予定より1時間ほど遅れたことがありました。移動に時間制限があるわけではありませんが、全員が時間を合わせて集合している旅行中は、つい「イライラ！」としがちです。

ところがAの世界の人たちは違います。1時間遅れるとわかった途端、

「ああ良かった、これでゆっくりメールチェックができる〜♪」

「ああ良かった、車に乗る前に携帯の充電をしておきたかったの」

「ああ良かった、ラウンジでコーヒーが飲みたかったの♪」

などと言いながら、すぐにホテルの中に散っていきました。

さらに別のひとりは、ロビーのソファに座っていた現地の人と話を始め「はじめて○○語が通じた〜♪」と楽しそうなのです。

考えてみると、私もこの時間があったおかげで、きのうの分のフェイスブックを更新することができ、メールの返信もゆっくりできてちょうど良かったのです。

一事が万事、常にこの調子……なにかが起こっても、「それじゃあ、○○できるから良かったね」という、「それのどこが問題なの？」というスタンスで捉えます。そこには「無理にそう思おう」という苦しさはなく、常日頃から全員がそう捉えている自然な感じが伝わってきます。

その状況になった原因（アテンドしてくれた人のミス）はすでに過去のことなので

どうでもよく、それによって与えられた新しい状況を楽しんでいるのです。

さらにすごいことは、全員が同じようにプラスに捉えているのでパワーが強いため、次の「良いこと」も引き寄せるのです。

たとえば、そうして待っている間に、なぜかホテル側から飲み物の差し入れが届き、メンバーのひとりが部屋に忘れていた荷物も届けられました。また、その時間内にレンタカー会社から連絡が入り、予定よりも広い車にキャンセルが出たらしく、ホテルの入り口に届けられたのです。

すべてが絶妙に「1時間遅れてちょうど良かった〜」という結果になるのでした。今思い出しても、その時々の捉え方の面白さと、次に何が起こるかという期待にワクワクしてくるほどです。

このメンバーと一緒にいるとこういうことが多い……それはやはり、全員が同じエネルギーでいるためにプラスのパワーが強いからでしょう。

そのため、まわりにある様々なエネルギー（質）の事柄から、そのグループと同質のものが引き寄せられてくるのだと思います。

この現象を突き詰めていくと、「この世の仕組みとして、もともとベストなことしか起こらないようになっているから、こうなるのか」、それとも、「彼女たちがそう思っているから、それを引き寄せているのか」、わからなくなってきます。

でも結局、その人が強く思っていることに引き寄せの法則が働くのですから、どちらが原因でもよくなる……つまりあなたは、自分が「そうなりたい」と思うように物事を捉えていけばいい（思い込んでいけばいい）ということです。

そしてこれまでも、すでにあなたが思い込んでいる通りのことが起きているのです。たとえば、「すべて最高のことが起こっている」という捉え方で生きている人は、起きた物事の中から「最高！」と思える側面を探します。そして、その時点ではただの思い込みだとしても、そこに引き寄せの法則が働くので、実際にそれにふさわしい次の展開が起こります。

先の旅先の話でも、それぞれの人が「ああ良かった、これで○○できる♪」と捉えている時点ではその人の思い込みかもしれませんが、その後全員に飲み物がサービスされ、車がランクアップされたのは、みんなの意識に働いた引き寄せの力です。

すると結果的に「やっぱりベストなことが起こっている（遅れても問題はなかった、むしろ遅れた方が良かった）」という感想になるので、結局その人が思い込んでいる通り、思い通りになっているのです。

自分は「運が悪い」と思っている人は、起きたことから運が悪い側面を探します。時間が遅れたことにイライラしながら（誰かを責めながら）待ち、（この時点では本人の思い込みですが）そのエネルギーが続けば、ホテルからの飲み物は来ないどころか、もっと嫌なことを引き寄せるでしょう。車が故障することもあるかもしれません……。

自分で自分を低く見ている人は、まわりからもそのように扱われ、自分を大事に扱っている人は、他人からも同じ扱いを受ける、ということも同じです。その人が思い込んでいるものと同じ質をまわりに引き寄せる……やはりその人の思い通りなのです。

「思い込んだもの勝ちよ⁉（笑）」

「一生、ひとりよがり（笑）」

とAの世界の人たちと笑いましたが、ある意味、名言のような気がします。

✩起きたことをプラスに捉える癖がつくと、起こる事柄自体が変わっていく

これまでに書いてきた、「それが起きた瞬間にプラス思考をする」を実践していると、まず、その物事自体がプラスの展開をしやすくなります。さらに、それを繰り返しているうちにプラスのパワーがたまっていくので、プラスでもマイナスでもない「日常の普通の物事」までプラスに傾く確率が上がります。簡単に言えば、運のいいことが起こりやすくなるのです。

数カ月前のこと、仕事で九州に行ったときのことです。

空港から市内に移動する途中で、ふたつのホテルをダブルブッキングしていることがわかりました。恐らく、候補に挙げられていたホテルの中から、かなり前にふたつを予約して、片方をキャンセルするのを忘れていたのでしょう。

それを知ったとき、一瞬、「またそそっかしいことを……」と思いましたが、その時の私は、長崎での予定にワクワクしていたので、先のことを考えながらとても楽しい気持ちでホテルに電話をしたのです。

すると、Aホテルで「本来は、当日キャンセルの場合はキャンセル料が50%かかるのですが、今回はナシで結構です」と言われたのです。

これはラッキー！と、念のためにBホテルにも連絡してみました（本当はAホテルのほうに泊まりたかったので）。するとこちらでも「突然の事情でしょうから、今回はキャンセル料はなしで……」と言われたのです。九州では基本的にキャンセル料は発生させないことになっているのかな？（笑）と思うほどでした。こうして私は、結果的にキャンセル料なしで、希望のホテルに宿泊できたのです。

恐らく、たまたま電話に出た人の判断であり、たまたまキャンセル料が発生しない理由に引っかかったのかもしれません。どんな事情だとしても、このような「たまたま」が嬉しいほうへ転がるのは、それが起きた瞬間の反応（エネルギー）に左右されるのです。

つまり、「起こることをすべてプラスに捉える」という感覚は、はじめのうちは「そう捉えたほうが、気持ちが楽だから」というその場限りのように感じますが、それを続けていると、その思い込む力に引き寄せが起こるので、実際に起こる事柄が変わっていくのです。

「起こることはすべてベスト」ということを信頼する（確信する）割合に比例して、物事が好転する確率も上がる、とも言えます。

自分の気分がいいときだけではなく、いつもこの受け止め方をしているAの世界の人たちに良いことばかり起こるのは、自然なことなのです。

☆「すべてはつながっている」という本当の意味

あなたに起こることは、すべてつながっています。仕事のことも家族のことも、友人関係も恋愛も、表面上はひとつひとつが単独で起きているように見えますが、水面下ではつながっているのです。

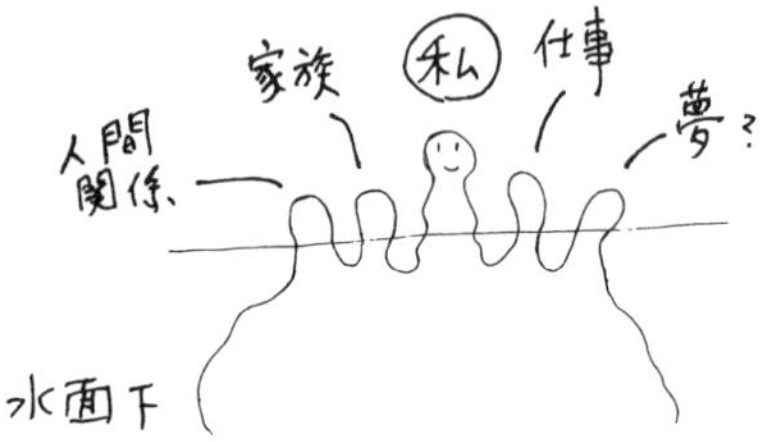

バラバラに単独に見えるけど
下では全部つながっているから、
ある部分が上がったり下がったり
揺れたりすれば、
それは全部他の部分に
影響あり!!

2章に書いたように、あなたのまわりにモヤっとする人たちがたくさんいれば、それは水面下であなたに影響を与えることができます。

同じように、精神レベルの高いAの世界の人が近くにいれば、その波動（振動）も自分に影響を与えることができるのです。

自分に起きていることを一枚のハンケチのように眺めると、ひとつの部分に起こることが全体に影響を与えていることがわかります。良くも悪くも、ひとつの部分が上がったり、下がったりすると、全体が引っ張られて上がったり下がったりするのです。たとえば、「掃除をすると運が良くなる」というのも、「目の前が綺麗になること」と「運」には直接にはなんの関係もありませんが、自分の一部分の流れが良くなると、他の部分の流れも良くなるので、全体的に運のいいことが起こるのです。

私自身、掃除の効果について徹底的に実践した年は、はじめはあらゆる分野でタイミングの良いことが頻発し、その年の最後には、「身体全体のデトックス」というところまで自然と興味が広がりました。部屋の掃除は体の掃除にも対応していた、ということです。

先に書いた、「漠然とした不安はすぐにはらっておくこと」というのも、それがたまると、他の部分の足も引っ張るからです。

実際に不安になる要素が現実にどんなにあるとしても、それがこの先どんなふうになっていくかは、ただの想像です。そうなってしまう可能性がどれほど高いとしても、やはり想像に過ぎません。それなのにそこを考え続けると、そこにどんどんエネルギーを与えることになり、それが一定量を超えると現実に形をとり始めるだけではなく、それとは関係ないことにまで影響を与えるのです。

なんとなく仕事の流れが悪い、友人関係にトラブルが起こる、体調が悪くなる、運の悪いことが続く……このとき、たいていの人は、これを偶然だと思っているのです。

まさか、自分が未来に対して漠然と抱えている不安が原因になっているとは気付きません。そして、目の前の現状を心の中の想像と合わせて、「やっぱり自分の人生は悪くなっている」と、さらにその想像にパワーを与えてしまう、という悪循環が始まるのです。

宇宙には「良い、悪い」の判断がありません。あなたが心で考えていることをそのまま形にするだけなので、その想像がポジティブなものだろうとネガティブなものだろうと、それが現実になるために必要なことを少しずつ引き寄せ始めるのです。

この仕組みを本気で信じるのであれば、そうなったら嬉しいこと、そう考えたほうが気持ちが楽になること、その状況をあなたが楽しく思えるような方向へ物事を捉えていくことなのです。

繰り返しますが、Ａの世界の人たちがしていることに、特別な新しいものはありません。引き寄せの法則をどこまで真剣に捉えて信じているか、徹底しているか、それだけの違いなのです。

第4章 自分に必要な情報を得る方法

✩もっともっと、自分の直感(だけ)を信じていい

Aの世界の人たちは、ほぼ100％、直感の通りに動いています。

直感とは、あなたが本音で感じる感覚のことです。なにかを見たとき、聞いたとき、知ったときに、あなたの心に湧く感情や感覚のことです。もっと簡単に言えば、「それ」に対して「いい♪」と思うか、「なんだか違う（気が乗らない）」と思うかです。

あなたのその感覚に、言葉で説明できる根拠や理由は必要ありません。（だから人に説明するのが難しいのです。）「根拠がないのになぜかそう思う」ということを面白が

り、ためしにその感覚の通りに動いてみることです。それが、直感のすごさを知り始めるはじめの一歩です。

なにかを選ぶときに、「なんだかワクワクする、いい感じがする、フワーっと明るくなる、気持ちが乗る」というような、心が「快」になることだけを選び、逆に「なんだかモヤモヤする、違うような気がする、憂鬱になる、気が乗らない」と感じることは、どんな理由であろうと選ばない、これを徹底するだけです。

日常の些細なこと、たとえばそれに参加するかしないか、右へ行くか左へ行くか、今日やるか明日やるかなど、すべてにおいて、それを考えたときに心が明るくなる、気が楽になるほうを選ぶのです。

宇宙からの神秘的なサインやひらめきを含む直感、次に進むべき方向を教えるシンクロニシティなどは、誰にでも起きています。その表現をするかしないかだけの違いで、幸せに豊かな生活をしている人ほど、これらのものを当たり前のものとして利用しています。

それらの神秘的なものに気付けるようになるには、それらに心を開くことです。あなたがそれらの神秘的なものに80％心を開けば80％なりの情報、50％開いていれば50％なりの情報がやって来るからです。

「それ」をする信頼の度合いによって、やって来る情報の「量」も増え、はっきりわかりやすく来るという「明晰さ」も変わります。あなたが信じている強さに比例するのです。

あなたが人にアドバイスをするときに、相手が真剣に耳を傾けて本気で変わりたいと思っている人には親身に伝えますが、そうではない人には話すことすらしないかもしれません。たとえ同じことを伝えたとしても、相手に聴く気がなければ入っていかない、それと同じです。

ためしにそれらのものに心を開き、そのサインの通りに行動してみると、「このような直感や偶然の一致は、どうやら真実を伝えているらしい」ということがわかってきます。実際に生活に変化が起こるので面白くなるのです。するとますますそれらの神秘的なものに注意深くなるので、よりはっきりと感じる（聞こえる）ようになります。

「聞こえる」というのは「耳元で誰かの声がささやく」というような霊的な感覚のものではありません。そういう形で感じる人もいますが、全体から見ると少ない……ほとんどの人は、自分の心にふと浮かぶ、感じる、という自分自身の心の思いのように感じます。ですから、特にはじめのうちは、これが直感なのか自分が考えて出していることなのか、わからなくなるのです。ですが（繰り返しますが）心にふと浮かぶことも情報です。あなたの感情や感覚を通して、今のあなたに必要なことを届けているのです。

これまでにも、「直感はその人にとって正しい情報を伝えている」と書いてきましたが、Ａの世界の人たちの直感への信頼具合を見ていると、「もっともっと直感だけで選んでいい（進んでいい）」と感じます。

私自身、はじめて直感の神秘に気付いたときは、ものすごい秘法を知ってしまったかのように興奮しました。どうすればいいかわからないときは、「自分の直感に聞く」という方法をとると、すぐに答えがわかるので、まるですべての答えを教えてくれる「魔法の玉？」のようなものを持った気がしたものです。しかもこの方法は、他の誰かの教えや特定の集団に属する必要はなく、誰でもひとりでできることなのです。

ところがまわりを見回してみると、誰でも持っている本来の能力を誰もが使っているわけではなく、気付いている人と気付いていない人がいるらしい……そして気付いている人たちにとっては、「直感が真実を伝えている」なんて当たり前のことであり、後はそれをどの程度信頼して頻繁に使っているかによって違いが出てくる、ということがわかってきました。Ａの世界の人にいたっては、かなりの率で直感を駆使しているのです。

駆使というよりも、直感の連続の流れの中で生活している、という感覚でしょう。

✩「気が乗る、乗らない」は情報！すべてをそれで選んでいい

これまでにも何度か書いてきましたが、私が日常生活でためした直感の実験は、とてもわかりやすいものでした。

仕事の場面で「それをするかしないか」の判断を、すべて私の本音の感覚だけで決め

るのです。はじめから気持ちが決まっているもの、つまり「それをやりたい、好き！」とすぐに心が決まるものは別にして、パッと見は「どちらでも良さそうなもの」のときに、直感だけで決めてみる……「なんだかいいような気がする（気が乗る）」というものだけを選び、「なんだか違う気がする（気が乗らない）」というものはやめるのです。

この感覚は、企画の内容自体にはあまり関係がありません。本の仕事の場合は、最終的にそのとき私が一番書きたいものを書くことになるので、はじめの企画の良し悪しはあまり関係がないのです。また、あり得ないほどの「問題外」という企画は、はじめから来るはずがなく、どれも一生懸命に考えてくださったものだからです。

ところが、同じような内容の企画に違うことを感じるから不思議です。

詳しく話を聞く前から、「なんだか良さそう」と思うものもあれば、とても丁寧に説明していただいたのに「なんだか違う気がする」と感じてしまうこともあるのです。

はじめの頃は、それ自体が不思議でした。同じような企画で（極端な場合は、仮タイトルまで似ているときもあるのに）、なぜ違うことを感じるのだろう、と……。

恐らく、先方の熱意も含め、その企画に乗っている様々なエネルギーが伝わってくるからでしょう。それらを全部ひっくるめて「いい感じがする」と気持ちが乗ったものだけに進んでみるのです。

このときに、頭で考えた判断は必要ありません。つまり、損得勘定や相手とのパワーバランス、誰かへの義理や、過去からの相手との関係性を頭で考えて、「あまり気が乗らないけれど、やっておいたほうがいい（得）かもしれない」というような判断は、宇宙とつながった判断ではないのです。

今でこそ、自分の感覚に確信を持っているので直感だけで決めていますが、はじめのうちは、かなり揺れたときがありました。というのは、世の中のたいていの場合は、頭で考えた常識的な理由で選ぶほうが正しいとされていたからです。人に説明できないような「なんとなく」という感覚でそれを決めるのは、いい加減な人のように感じたからです。

ところが後になって、「感覚」という方法を通して直感が情報を伝えていることがわかったこと、また「いい加減」というのも「良い加減」だとわかったので、今では決めるまでにほとんど時間がかからなくなりました。

慣れていなかった頃は、大して気が乗らないのに、頭で考えたことを理由に選んだりもしたのです。すると、その途中に思ってもいなかったような面倒なことが起こったり、完成しても満足度が低かったり、関わるメンバーがしなくてもいい思いを経験したり、はじめの感覚のまま進んで行くことがはっきりわかってきたのです。

もちろん、その途中に経験することも、最終的には「意味があって起こっていること」になるのですが、それによってエネルギーが漏れるので、簡単に言えば疲れるのです。

はじめから直感がゴーサインを出して選んだことでも、進んで行く途中にはいろいろなことが起こることもあります。でもそれは「好き」という気持ちで進めていることなので、知らないうちに努力ができ、「これがあって本当に良かった」と感じ、「疲弊感」はありません。なにがあっても、それによって全員がハッピーになり、やればやるほどエネルギーが循環する状態になります。

つまり、たとえ同じ結果になったとしても、直感の通りに進んでいるときとそうではないときとでは途中経過や気持ちの感じ方が違うのです。エネルギーを漏らしながら進んで行くか、満タンの状態で進んで行くかの違いでしょう。

実験すればするほど、直感の通りに進んで正解、ということに気付くのです。

こういうことを繰り返し、**直感というのは、どこから来るかわからないけれど、なにか宇宙の大元《おおもと》のようなものとつながったときに降りてくるもの、そこにアクセスし**

たときに降って来るもの、だとわかりました。

そして、これを世界中のあらゆる人たちが「神秘のパワー」とか「神の力」とか「成功の奥義」と呼んでいることもわかってきたのです。たしかに、人智を超えたところから与えられる秘密の方法のように感じられるからです。

これをもっともっと信頼していい、極端な話、**直感だけで進んでいっていい、**と最近特に思うのです。

✪あなたにもある、直感が冴えるとき

「直感が冴えるとき＝大元《おおもと》のすごいなにか」にアクセスしやすいとき、というのはたしかにあります。

まず、なにかに夢中になっているときです。時間を忘れて没頭しているときや、ひとつのことに集中しているときなどが、それにあたります。ですからたいていの場合、

好きなことをしているときには直感が冴えるのです。好きなことと言っても、のめり込むような激しい感覚の「好き」ではなく、他のことを考えずにそれだけに意識が向いているようなときです。

たとえば私の場合は、ピアノを弾いているとき、掃除をしているとき、ジュエリーや洋服のデザインのことを考えているときなどがそうです。それも、頭で考えて譜面を追っていたり、頭で考えて（商業的に？）次のデザインをしているときではなく、フワーっとした楽しい気持ちで、他のことはなにも頭になく、ボーっと向かっているようなときです。

掃除も同じです。（私は掃除の効果を知ってから、ほぼ毎日、朝起きるとすぐに床の雑巾がけをしているのですが）床を磨きながら、今日の予定や仕事のことを考えているると「頭で考えること」に傾きます。そうではなく、ただ目の前の床のことだけを思うような、他にはなにも考えていないようなボーっとした状態になっているとき、このときが「なにかとつながっているとき」なのです。

その証拠に、その状態になっていると、突然なんの脈絡もなくあることを思いついたり、そのとき書いている本の次の文章が浮かんだりします。

もうひとつ、圧倒的に直感が冴えるのは、自然に浸っているときです。

林や森を歩いているときに、目から入って来る緑の鮮やかさ、木の間から降りてくる光など、自然そのものを全身で感じて「気持ちがいいなあ～」という状態になっているときには、圧倒的に直感が冴えるのです。

と言っても、その時間内に突然なにかをひらめくわけではありません。その環境で一定時間を過ごした後、いつもの自分の環境に戻ってから出てくる、という形のほうが多いのです。

先日、軽井沢に行ったときもそうでした。

着いてすぐに近くの林の中を歩き、夕食前にも歩き、朝起きて天気が良ければまたフラっと庭から外へ出る……戻ってからも、自分の好きな時間にご飯を食べ、好きなだけボーっとして、好きなだけ昼寝をする……家族がいたとしても、みんながそんなふうに過ごしているので誰もそれを咎める人はなく、それぞれが好きなことをして、たまに話しては大笑いする、という日々を過ごしていたら、あるとき、堰を切ったように次々と素晴らしいことが浮かんできたのです。まるで、たまっていたプラスのものが一気に溢れ出したかのような感覚でした。

雑多な日常生活で必要以上に無制限に入って来るものを制限し、まったくストレスのない完全に緩んだ状態、安心で安全な状態にいながら、同時に毎日自然のエネルギーを吸収したことで、エネルギー（波動）が上がった、それを一定期間続けたことでプラスが溢れ出した結果だと思います。

はっきりと「あ、溢れ出したかも」という感覚になったのです。そのとき書いていた新刊のシナリオが最初から最後までバーっと見えるような感覚になりました。一字一句が浮かぶというよりも、一部の言葉や表現が浮かび、そこから芋づる式に次につながっていきそうになるので、忘れないように急いでメモする、という感覚でしょうか。同じような過ごし方をしていても、東京の自宅では同じような感覚になりにくい（なるまでに時間がかかる）ことを思うと、やはりこれは自然のエネルギーの影響だと思います。

「自然が苦手、嫌い」という人はいないことを思っても、**自然に浸ると直感が冴える、というのは誰にでも共通する方法**なのでしょう。

神社に行くと感覚が冴えるのも、同じようなことが起こるからだと思います。

神社の多くは、境内の後ろに鎮守の森が控えています。建物としての神社は、山や森、岩や木に宿る神をおまつりする「形」であり、本来は自然そのものを尊ぶ教えなのです。

神社の境内に入っただけで、(そこに人がたくさんいても)シーンとした森の中を歩いているような気持ちになる人もいるでしょう。

そして神社がある土地の多くは、その土地自体にパワーが宿っている場所です。パワーのある土地、神聖な土地、意味のある土地だからこそ、そこに神社が建てられているのです。

さらに、その土地に何百年もかけて人々が足を運び、祈りを捧げてきたという「祈りの歴史」がある場所でもあります。ひとりひとりの祈りが積み重なり、他とは違うエネルギーの場になっている……そのために、そこに行くだけで、浸るだけで感性が冴えるのでしょう。(同時にたくさんの人の欲望、雑念、世俗的な思いがたまっている場所でもあるので、お参りには注意が必要なのですが、それはまた別のときに……。)

✮ メディアやネットからの情報を入れ過ぎると直感は鈍る

逆に、「直感が鈍るとき」というのも、たしかにあります。

簡単に言うと、上記とは逆のことをしているとき……つまり、たくさんの予定に忙殺されて、たくさんの情報（雑多なエネルギー）で溢れかえり、頭と心に余裕がないときです。

精神レベルの高い人たちは、新聞、雑誌、テレビ、インターネットなど（すべての情報源）に翻弄されず、自分に入って来るものを上手に制御しています。

本当に必要な情報は、たくさんのモノや人に触れているから入ってくるのではありません。また、特定の人（情報を持っているとされている人、人脈のある人）だけから来るわけでもありません。「人」も、ひとつの媒体に過ぎないのです。人を含めたまわりにあるあらゆるものが、あなたに必要な情報を伝えてきます。

モノにはすべて波動があるので、情報にも波動があるため、望ましくない情報がどんどん入って来ると、知らないうちにそのエネルギーの影響を受けてしまいます。

望ましくない情報とは、それを見たとき聞いたときに、あなたの心がザワザワするようなもの、心が沈むようなもの……たとえば、世の中にある悲惨な事件、暗いエネルギーの渦巻いているトラブルなどがそれにあたります。「今起こっていること」として知っておくのは必要なときもありますが、見過ぎれば（その事件の波動に浸り過ぎれば）、それと同じエネルギーに染まります。

悲惨なにかを知ったときに、そこに向かって本気で立ち上がるなど、具体的になにかの活動を起こすのであれば話は別です。ですが、そのようなことはしないのに、ただやみくもに同情したり、かわいそうがったりするだけでは、その「悲惨な事件」にエネルギーを注いでいることになり、それと同じ質のものを増やしてしまうことになるのです。

「かわいそう」という思いも同じです。経験もしていない他人の状況に対して、なにもしないのにただ「かわいそう」と思うのは、「かわいそう」という状況を加速させていることになります。そこに影響を与えられる具体的な活動を行動に移すか、また自分のまわりに幸せなエネルギーを増やすことに集中する方が効果的です。

あなた自身が幸せになり、自分のまわりに幸せのエネルギーを増やす活動をしていると、130ページの氷山の絵のように、水面下でつながっている他の人のエネルギーを引き上げることができます。

2章で書いた「エネルギーの仕組み」から言えば、優勢なエネルギーが全体の場を引っ張ることになるので、あなた自身がワクワクした強いエネルギー体になると、まわりの人たちに影響を与えることができるのです。つまり、あなた自身が幸せになることは、世界の人の幸せにつながっているのです。

その人自身の感受性の強さにもよりますが、心がひたすら憂鬱になるものを見続けていると、それが引き金になって、自分の将来や悩み事など、関係ないところまで心配を始めてしまう人がいるものです。**いつまでもそれを考え続けるというのは、あなたの人生の中にそれを生じさせるということです。**

特に、病気や暗い出来事についての情報を入れ過ぎてしまうと（対処を聞いて忘れてしまえる人は影響を受けませんが）、見終わった後、いつまでもそれが残って、自分は大丈夫かと心配になってしまう人も多いでしょう。

ある外国人が、日本に来てはじめて「肩こり」という言葉を知り、マッサージをされながら「凝っていますねえ」と言われるようになったら本当に肩が痛くなるようになった、と話していました。これまであなたの人生になかったものを、考え始めたことで引き寄せてしまうのです。

自然の中にいると直感が冴えるのは、それらの余計な情報がシャットアウトされるからです。スピリチュアルな言い方をすれば、高い波動で満たされている場所なので、普段受けている雑多な次元のものが浄化されるのでしょう。

「携帯電話を消すとリラックスできる」というのも、物質的な情報量だけではなく、目に見えないレベルのエネルギーがクリーンになるからです。

自分に入ってくるものを自分で選んで下さい。自分が本当に知りたいことがあるとき以外はネットやテレビに浸り過ぎないようにしてみて下さい。すると、頭と心にスペースが生まれ、「ふと思うこと」がそれまでとは違う感覚で自分に届き、直感と頭で考えたこととの違いがわかるようになってきます。

✪人から受けるエネルギーはまめに浄化しよう

もうひとつ重要なことは、**「人のエネルギーに翻弄されないように気をつける」**ということです。2章に書いたように、人は生きて動いている生身の存在なので、ネットやメディアから入って来る情報より大きな影響力を持つからです。

敏感な体質の人は、人混みにいると頭が痛くなったり、体が疲れたりすることがあると言います。交差点や大きな商業施設、駅の構内などは、あらゆるエネルギーが一緒くたに集まって、群れているからでしょう。

私も、東京の、ある大きな駅のそばの交差点に立っていると、あまりの人の多さにクラクラすることがあります。それだけであれば普通ですが、その近くにある特定の裏道に入ると、急に気が重く、「どんより」した感覚になり、早くここを抜けだそうという気持ちになるのです。（面白いことに、私の友人もまったく同じ場所に対して、同じように感じていることを知りました。）

また、（これも特定のある場所なのですが）行きはなにも感じないのに、帰りになると（同じ道を反対方向に向かって歩くと）、いつも重いものを感じる場所もあります。「この道を歩きたくない」と感じ、帰りはいつも別の道を通るのです。

恐らく、能力者などが見ればきちんとした理由があると思いますが、その原因究明はどうでもよく、大事なことは、その**「なんとなく感じる感覚」を無視してはいけないということ**なのです。メディアなどで、「この場所は良くない」と言われてはじめて気をつける、という順番だとしたら、自分の感覚をあまりに無駄にしていることになります。

あなたの感覚は、メディアなどからは入って来ない貴重な情報源なのです。

（同時に、それらのものに敏感になり過ぎないことが大切です。あなたの本来のエネルギーがしっかりとしていれば、見知らぬわけのわからない「霊的なもの」から影響を受けることは滅多にありません。すぐに「霊的なものの影響で……」と言うのは、人のせいにしているのと同じ、「あの人が悪い、今の環境が悪い」という自分ではない他のもののせいにしているだけだからです。）

スピリチュアルな話になりますが、毎日の「入浴」は、これらの目に見えないエネルギーを浄化してくれる方法です。

「水に流す」という言葉があるように、目に見える汚れを流すだけではなく、知らないうちに外で受けたものを浄化する作用があるのです。塩を入れるのも、発汗を促進するという肉体的な効果だけではなく、塩の浄化作用によって体を清めるためです。日本人に古くからある風習には、掃除にしても入浴にしても、目に見えることだけではない本来の意味が隠されているのです。

あなたのエネルギーを遮る雑多なものがなくなって、気持ちのいい自然のエネルギーに満たされると、途端に直感が冴え始めます。直感を与えてくれる神聖な次元のもの、それと同じ波動になることによって、それとつながり、あなたの中にその情報が流れ始めるのです。

✪ なぜ夢の中に情報が来るのか——潜在意識で動いているとき

さらに、圧倒的に情報を受け取りやすい状態は、寝ているときです。

眠っているとき、夢を見ているとき、起きているのか寝ているのかわからないような曖昧なとき……つまり、顕在意識よりも潜在意識が活発になっているときです。

これは、「私が仕事の合間に昼寝をすると（笑）、起きたときにいつも本の続きを思いついている」ということから気付いたことでした。執筆の途中、睡魔に襲われて昼寝をすると、目が覚めたときに、さっきまでうまくいっていなかった（気に入っていなかった）文章の続きを思いついていることが多いのです。

はじめのうちは、単に体が休まってリフレッシュしたからだろうと思っていましたが、どうもそれだけではありません。明らかに寝る前には思いついていなかったことが浮かんでいるし、それは、私が寝る直前に考えていたことの答えになっているのです。

特に仕事の途中で昼寝をするときは（そこに少し罪悪感もあるせいか）、「この続きはどうしようか」とか「あの話の次はどうなるかなあ」など、直前に書いていたことを考えながら眠りに入ることが多いものです。すると、起きたときに思いつくことが、必ず寝る前に考えていたことの答えになっているのです。

絵本を描いているときは、話の続きを夢に見ることもよくあります。絵本のキャラクターであるブタが、実際に動いたりしゃべったりするのです。

文章の場合は映像ではなく、「起きたときにふと浮かぶ」という方法で来ることが多くなります。そして、その思いついたことから書き始めるとうまくいくのです。

どういう仕組みで答えがやって来るのかはわかりませんが、少なくとも思い浮かんだ通りにするとうまくいくということは、「寝ている間も情報を受けている、なにかにアクセスしている」ということです。

これを繰り返したことによって、「なにかにアクセスする＝直感が冴える」とは、別の言葉で言うと、「潜在意識につながる」ということだとわかってきました。

起きて活動しているときは顕在意識が勝っていますが、寝ているときは誰でも潜在意識が活発になります。

寝ているとき、体は休んでいますが潜在意識レベルでは活動していて、直前に顕在意識で考えていたことの答えを夢の中で拾ってくるのでしょう。それが、目が覚めたときに「ふと思いつく」という方法で出てくるのです。夢の中で得た情報を、こちらの世界で実践する、という感覚です。

以前、ある大経営者が、「私は夢の中で情報をもらい、それを経営に生かしている」ということを話されていました。当時はよく意味がわかりませんでしたが、今では非常に腑に落ちます。

また、作家やアーティスト、芸術家の中にも、眠っているあいだに見たものを現実にするという人は、少なからずいるものです。

思い出してみると、私の母も、夢の中で「よく行く場所」があると言います。

恐らく外国でしょう、行ったことのない不思議な国で、素敵なデザインの洋服やジュエリーのお店が軒を連ねている通りに出る、次の角を曲がった先にどんなお店があるかもわかるくらい、何度も同じ場所が出てくるのです。そして、これも夢の途中にいつも出てくる「スケッチブック」のようなものを開くと、そこに魅力的な装飾品のデザインがつまっていて……その中のいくつかを、実際に形にしているのです。

逆から言うと、起きているときでも、直感が冴えているときは潜在意識で物事を捉えているときなのでしょう。

自然に浸っているとき、頭を空っぽにして夢中になっているとき、他のことはなにも考えずにボーっとしているようなときは、余計なことに邪魔をされていないので、本来の自分である潜在意識状態にある……このときに宇宙とつながりやすく、叡智の源にアクセスしやすいので直感が冴えるのです。

考えてみると、潜在意識状態で浮かぶ直感を、顕在意識（頭）で説明できないのは当然です。頭は、過去の経験や常識、世間体などからこれまでと同じ判断をするからです。今の自分の枠では思いつけないような内容と動きだからこそ、直感になるのです。

また、予定がぎゅう詰めで頭と心がいっぱいだと直感が冴えないのも納得です。たくさんの予定を捌《さば》こうとするのは顕在意識の領域なので、潜在意識の直感が来ていても気付けないからです。

☆寝ている間に意識的に情報を受け取る方法

寝る直前にぼんやり考えていたことの答えが目が覚めたときにやって来る……ということは、寝る前に**明確に質問すればするほど答えをもらいやすい、**ということになります。

私が実験して効果的だった方法は、まず、眠りに入る前に横になり、完全にリラッ

潜在意識、知恵の宝庫
すごいなにか
余計な邪魔が
入らないと、
上とスーッとつながる

クスした状態になります。（寝る前はたいてい横になっていると思うので、その状態でOKです。）そのまま脱力して、ボーっとします。

次に、今あなたが知りたいことを宇宙に質問します。ここは具体的であればあるほどいい……たとえば「今書いている本の次の文章を教えてください」とか「本のタイトルを教えてください」など、わかりやすいほうが答えもわかりやすくなります。（執筆の途中にお昼寝をしていたときは、無意識にこれをしていたことになります。）

もっと大きなこと、未来の夢に関係するような内容の場合は、

「〇〇になるために、今の私に必要なことを教えてください」

「〇〇について、次に私がとるべき行動はなんですか？」

というように、「自分を主語にした質問」をします。このとき「ＹｅｓかＮｏ」で答えられる質問は避けたほうがいいでしょう。相手が「Ｙｅｓ　か　Ｎｏ」で返事ができるものだと、会話がそこで止まってしまうからです。

あなたが答える立場になってみたら（たとえば「〇〇がうまくいきますか？」というような質問をされたら）、「はい（いいえ）」と答えるしかなく、そこから展開がありません。また「幸せになれますか？」というような種類の質問も、意味がありません。

幸せかどうかを決めるのは本人だからです。

宇宙から具体的な答えが返って来やすくなる質問は……、と考えると、「○○になるために、今の自分に必要なことを教えてください」という言い方になるのです。

質問をしたら、そのままの体勢でボーっと緩み、「目が覚めたらその答えが来る！」ということを期待します。**期待するとあなたの場が盛り上がり、それが起こるのと同じ波動になるからです。**

その後は、今日あった楽しかったこと、面白かったこと、こうなったら嬉しいと思う想像などをしながら眠ります。穏やかな気持ちになることや、癒されること、気持ち良さを感じることを思うのも効果的です。さらに、今日一日の感謝や、まわりにいる人たちへ愛を送るような感覚もイメージできれば最高ですが、いきなりそこまでしなくても問題ありません。

ポイントは、寝る前に居心地のいい状態になる、ということなのです。楽しさ、嬉しさ、癒し、感謝、というような「宇宙と同じ波動」になると、そことつながるので、情報がどんどん来るようになります。「高次のものに心を開く」とは、それと同じ波動になるということ、つまり愛でいっぱいの宇宙と同じ波動になれば、そことつながることができるのです。

逆に、寝る直前に恐い映画や残酷な映像などを見たり、憂鬱なことや心配なことを考えたりしながら眠ると、目が覚めたときに情報が来ないどころか、恐い夢を見ることもあります。今までの経験では寝る前にどんなに質問をしても、それらに邪魔をされてつながらないのです。

✩実践！朝一番に思いつくことは情報になっている

先に書いた方法で眠る前に質問をして、気持ちの良い状態で眠りについたら、次はそれを受け取る段階です。面白いことに、ほとんどの人は、質問はするのに受け取るのを忘れているようです。

特に、受け取る感覚に慣れないうちは、意識的に受け取る姿勢になることが大切です。

朝起きて、一番はじめに浮かんでくることに注意してみてください。しばらく横になったままの状態で浮かんでくること、思いついたこと、そこからまた別に思い浮かんだことなど、なにを思いつくかに注意するのです。

そして、その思いついたことから一日を始めてみるのです。

思いついたことが、すぐにきのうの答えに結びついていないこともあります。たとえば次に書くべき文章を質問して、その文章がそのまま出てくればわかりやすいですが、いつもそうとは限らない……別の形に姿を変えて情報が来ているのです。


数週間前のこと、朝起きてすぐに浮かんだことは、近くのカフェのシナモンロールでした。正確に言うと、それより前に浮かんだことは「外の空気を吸いたい」で、それに続けて青い空と緑が浮かんだので、「散歩に行こう」と思い、ついでにあそこのカフェでシナモンロールを食べよう、と思ったのです。そうしたら、急に楽しくなってきました。(この楽しくなってきた、という感覚が、実はものすごく重要なのです。)

そこですぐに、近くに住んでいる母に電話をしました。(ここでも、すぐに電話をするのがポイントです。)いつもはひとりで行くのですが、そのときはなんとなく母が浮かんだからです。(こういうことも、そのときの気分に任せればいいのです。)

母と待ち合わせをして、そのカフェでシナモンロールとカフェオレを買いました。

座って話をしていたら、母に最近起こった思わぬ話を聞くことになり、その内容が、私が書いている本と重なって、次に書くべきことが私の中でしっかりとまとまったのです。

まるで「完璧な打ち合わせ」、と思えるまとまり方でした。

本当は、その日は夜までにやらなければいけないことがあり、午後は友達の家に行く予定だったので、朝のこの時間帯が唯一仕事ができるときであり、散歩に出かけている場合ではなかったのです。ところが結果的に、そこで聞いた話が今日全体を刺激するような内容で、「外に出てきて本当に良かった」という結果になりました。

そこへ、午後に会う予定の友達から電話がかかってきました。向こうの仕事の予定が変わったらしく、「できればお昼前から会えないか」という電話……実はこれもちょうど良い結果になったのです。夕方から会うと次の予定まで1時間しか時間がなく、お互いにとって慌ただしい……でも話の内容からすると、どうしても今日会う必要があったので、仕方なくその時間に会うことにしていたのでした。

あのとき、朝思い浮かんだことを無視して、そのまま家で執筆をしていたら、きっとうまくいかず、中途半端な状態のときに友達の連絡で出かけることになり、戻っても執筆は進まないまま、次の予定に向かわなくてはならなくなっていたでしょう。

朝起きて一番はじめに浮かんだことから始めると（他人が聞くと小さなことに感じても）、

本人にとっては「あ、すっごくタイミングがいい！」と感じられることが起こるのです。

こういうこともありました。先週のこと、朝起きてボーっとしているときに、なぜかマンションの受付が浮かびました。

そこで着替えてすぐに行ってみると、受付に「要冷蔵」の宅配便が届いていました。ついでに隣の郵便室に行ってみると、ポストに手紙が届いており、その手紙のお陰でとても大事なことを思い出したのです。（それは午前中に気付かないと間に合わない種類の、本当に大事なことだったのです。）その手紙に気付かせるために、受付が浮かんだのでしょう。

実はその前の晩、寝る前に宇宙に質問したことは、「明日の朝目が覚めたらすぐにやるべきことを、一番に思いつかせてください」でした。その夜は特に質問することがなかったので、なんとなく思いついてした質問だったのです。

情報を受け取るときに大事なことは、頭で考えたことを優先させないことです。

頭で考えれば、朝一番に散歩に行っている場合ではないし、受付が思い浮かんだとしても、後で外出するときに寄ればいいことです。

ですが、この**タイミングを逃すと、情報は情報として生かされなくなります。そのタイミングに来ていることも含めて、情報だから**です。

朝一番に思いつくことがあっても、それをすぐに行動できる状態ではないかもしれません。たとえば一人暮らしの場合と、家族がいる場合では、実行できる範囲が変わってきます。

その場合は、質問をするときに「今の私にできる範囲で」という言葉を加えればいいのです。「○○になるために、今の私にできる範囲でやるべきことを教えてください」と質問すればいいのです。

受け取る感覚がわかりにくいときは、「私にはっきりとわかる方法で教えてください」と付け加えてもいい……宇宙は、こちらが質問した通りのことを返してくるので、質問の仕方は自由、あなたが答えを受け取りやすいように工夫すればいいのです。

思いついたことが大きくて、すべてその日のうちに（朝のうちに）済ませることはできない場合は、思いついたときに、その一部に手をつけておくことがおススメです。たとえば場所の場合は、そこへ行く予定を立てる、思わぬ言葉が浮かんだ場合はそれを調べてみるなど、一部の作業を始めておくことがポイントなのです。

私の経験上、後でまとめてやろうと思うとタイミングを逃しますが、少しでもそこに手をつけておくと、次につながるシンクロニシティが起こり、先につながり始めます。

✪ 聞こえたこと、思うことにも偶然はない

夢の中からだけではなく、実は日常生活でも情報を受け取ることができます。

日頃、あなたが明確に質問をしておくと、先に書いたようなボーっとリラックスしている状態や、なにかに夢中になっているときや自然に浸っているときなどに、その答えが来るのです。（いつも寝るのを待つ必要はありません。）

その感覚をみんなで味わいたくて、読者の皆様と一緒に、奈良県の三輪山に登りました。

三輪山は、数年前に、私がはじめて「見えないものからのメッセージを受け取る」という感覚を味わった山です。私は、人より敏感な体質であったり、目に見えないものが見えてしまったりする人ではありません。（最近は、この言い方をすること自体が

それらをブロックすることになるので言わないようにしていますが、逆に、目に見えないことに一度は疑いの目を持つからこそ、日常生活で実験してみたくなるのです。）

ですので、三輪山ではじめて「メッセージを受け取る」という感覚を味わったときは、軽い感動を覚えました。

三輪山は、奈良県の大神《おおみわ》神社にあるご神山です。山そのものが神様であるため、ここに足を踏み入れること自体がありがたい行為であり、登山ではなく「登拝」と呼ばれています。

山の中では、水分補給以外の飲食は禁止、カメラでの撮影も禁止、山の中にある石や木などを持ち帰ることも禁止されています。ひとりひとりが神様と向き合いながら登る山なので、おしゃべりしながら登るような人は見当たりません。

私も、神様とつながりやすい場所だろうと思い、そのとき聞きたかった質問を繰り返しながら登ることにしました。つまり、「○○をするために（なるために）、今の私に必要なことはなんですか？」と心の中で繰り返しながら登ったのです。

すると突然、「どんどん進みなさい！」という言葉が聞こえてきました。

正確に言うと聞こえたのではなく、私の心に湧いてきたという感覚でした。あまりに自然なことだったので、自分で考えた言葉なのか、どこかから聞こえてきたものかなのか、よくわかりませんでした。

ただ確実に違いがあったのは、「自分でなにかを思いつくときに、命令調（～しなさい）という言葉は出てきたことがないなあ」ということです。

そのとき一緒に旅行していた友人が、目に見えないものからの声が聞こえる人だったので、頂上で会ったときに、今日はどんな言葉が聞こえてきたかを聞いてみました。するとと、「『どんどん進みなさい』って言ってた」と言うのです。

他にも、私が登っている途中で思いついたことが、彼女が受け取った言葉とほとんど同じでした。

「帆帆ちゃんは、日常生活でふと浮かんだことを、そのまま実行できている人だから（心と行動が直結している人だから）、もう充分に聞こえている、ということなんだよ!?」と言われ、そのときにはじめて納得したのです。「私は見えない、聞こえない（そういう能力はあまりない）」と思っていたけれど、心に湧いてくるこの感覚が、能力者の言う「メッセージを受け取る」と同じだとしたら、これはいつでもやっていること、そして誰にでもできることだな、と。そこに気付くかどうかだけなのです。

彼女と私の決定的な違いは、「そういうもの」に対しての信頼感でした。信頼すればするほど、そういうものとのパイプが太くなり、受け取りやすくなるのです。受け取るときの感覚に慣れる、と言うほうが近いかもしれません。

他にもいくつか答え合わせをするような感覚で下山して、「今日は私、なんだか自信がついた」と言ったとき、彼女が深くうなずいて言いました。

「なるほど～！　さっきこの山の神様にね、『帰りは一緒に下りて自信をつけなさい』と言われて、自信ってなんだろうと思っていたんだけど、このことだったのね!?」

今思い返してみると、あのとき、私と彼女に必要な言葉が同じだったはずはありません。たとえ同じような質問を神様にしていても、その人の環境や状態によって必要な言葉は変わるからです。

恐らく「聞こえるってこういうことですよ!?」ということを私に納得させるために、私と彼女に同じ言葉を聞かせ、答え合わせをさせてくれたのでしょう。実際、あの三輪山登拝のときから、私は「メッセージを受け取る」という感覚がわかり、そういうものへの信頼が深まったのです。

……という経験のあるご神山「三輪山」に、読者の皆様もそれぞれに質問をして登り始めました。質問した後は、そのときどきに感じることや、ふと思い浮かぶことに注意をはらい、それを「偶然」と思わないことです。

たとえばNさんの場合。

Nさんは「自分の仕事で一段ステージを上げたい時期に来ているけれど、その方法がわからない」という状態でツアーに参加していました。登拝の前日、参加者全員で瞑想をしたときに、Nさんの心に突然「高み」と「楽」という言葉が浮かんだと言います。「高み」とはステージを上げること、では「楽」はどういう意味だろう？　とそのつながりがわからないまま、三輪山に登ることになりました。

三輪山では、ひとりひとりが静かに登っていきます。Nさんも、まわりの人と同じペースで、前の人についてゆっくりと登っていたとき、それを追い越して小走りで脇を通り抜けて行く私の姿が目に入りました……そこでハッと思うことがあったのです。

「私にとっても、今一番楽なペースは前の人について並んでいくことではなく、もっと早く進むこと。人によって心地のいいペースは違って当然。自分にとって楽なペースで高みに進めば、それが一番楽しい」

これで、前日に思いついていた「高み」と「楽」の意味がつながったと言います。

「私の中には、前の人より先に行ってもいい、という考えがなかったんです〜！」

とNさんが納得顔で報告してくれました。

これらの解釈は、それを思いついたときに一瞬でNさんの心に湧いたことで、後からこじつけたり、無理に話を結びつけたものではありません。

なによりも、それを思いついたときに本人が感じる「腑に落ちた」という感覚、不思議なほど自然な納得感が、その捉え方が正しいということを示しているのでしょう。

さて、私はなにを受け取ったかと言うと……。3年前の登拝のときに、その山道が予想以上にキツく、翌日、筋肉痛で足がパンパンになった記憶があったので、前半はスピードを出して登っていました。体力のあるうちに距離を稼ごうと、緩やかな道は小走りで登っていたのです。（その姿を、Nさんが見たのでしょう。）
それでもあっという間に体力がなくなってしまい
「これが後どのくらい続くのだろう……、前回の記憶だと、『そろそろ頂上かな……♪』と思ってからがすごく長かったから、ようやくまだ半分来たくらいかな……フゥ〜」なんて思っているうちに、ふと気付いたら、頂上に着いてしまっていたのです。
三輪山の頂上は、神様のおまつりされている岩（注連縄のついているご神体）があるのみで、広く拓けた場所もなければ、境内があるわけでもないので、そこが頂上だとわかりにくいところです。想像していた感覚よりもあまりに早かったので、「え？ もう頂上？ こんなに近かったっけ？」とキョロキョロしてしまったほどでした。

その瞬間に、ふと思ったのです。「あ、ゴール、近いな」と（笑）。

私が質問していた内容は思ったより早く実現する……「え？ もうゴール？ ホントにいいの？」という感覚であっという間に実現するような気がしたのです。

繰り返しますが、このような解釈（つながり方）は自分の中に一瞬のうちに起こり、決して後から頭で考えてこじつけたものではありません。それぞれの人が、自分の中で深く納得する感覚になり、同時にとても安心した穏やかな気持ちになるので、それ以上の不安や心配がなくなるのです。「答えが来た」ということで安心する、この安心感も含めて、「その解釈で正解」と言われているような気持ちになるのです。

✪シンクロニシティを利用して情報を受け取る

質問の答え（情報）を得るとき、シンクロニシティを利用することも大切です。

先ほどの三輪山で、「〇〇がうまくいくために、今の私に必要なことはなんですか？」と心の中で繰り返していたAさんは、そのときちょうど前から歩いてきた人たち（下山ですれ違った知らない人たち）の会話から、「大丈夫よ、心配しなくて。助けてくれる人がたくさんいるから」という言葉を聞きました。

もちろん、その言葉はＡさんに向けて言ったものではありません。ですが、その言葉がそのタイミングで耳に入るということが、「意味のある偶然の一致（シンクロニシティ）」なのです。その瞬間、「Ａさんはこれが自分への答えだ」と確信しました。

シンクロニシティは、宇宙からの情報です。あなたが宇宙に発信している質問に反応し、その答えを見せてくれる方法のひとつです。

シンクロニシティ（意味のある偶然の一致）とは、まったく関係なく同時に起こるふたつの出来事があったとき、片方がもう片方の意味を強めたり、特定の意味を与えたりする現象です。わかりやすい例えで言えば、

「おばあさんからもらった大事なネックレスが、あるとき突然ブチっと切れた、そのときにおばあさんが息を引き取ったことが後からわかった」

というような、偶然性に意味があるという捉え方です。（シンクロニシティの詳しい種類や活用法については、拙著『やっぱりこれで運がよくなった！』（廣済堂出版）を参考にしてください。）

これはわかりやすい例（記憶に残りやすい例）ですが、似たようなシンクロニシティは誰にでも毎日のように起こっているのです。

この本の原稿を書いているとき、私がはまって見ていた海外ドラマがありました。ストーリーよりも、その時代の情景描写や主人公の装いがエレガントで気に入っており、録画したものを繰り返して見るほどはまっていたのです。

あるときいつものように前の週の録画を見て、「やっぱり好きだなあ」なんて思いながら、仕事部屋の本棚の前に行きました。そこでふと目についた本を開いてみると、その物語の主人公がドラマの主人公と同じ名前だったのです。

「これはサイン！」と思って、すぐにその本を読んでみました。（十数年ぶりなので、話の内容はほとんど覚えていませんでした。）するとそこに、「人へのエネルギー」についての話がたくさん載っていて、まるでこの本の内容に後押しされているような気持ちになったのです。

こういうことに遭遇したとき、なんとも不思議な気持ちになるものです。ずっと意識を向けている番組を借りて、「この本を読むといい」と教えてくれた気がするからです。特に新刊を書いているときは、いつも本の内容に意識を向けているので、助けとなる情報が知らないうちに集まってきます。人の話や、自分に起こる出来事、久しぶりに読む物語や、通りすがりの「なにか」を通して、まるで私の新刊の内容を知っているかのようにサインが集まってくるのです。

✩同時に起こるAとBをつなげて考える――シンクロを利用するコツ①

シンクロニシティ（偶然の一致）が起こったら、それを注意深く考えてみる必要があります。なぜそれが起こったのか、そのとき自分がなにを考えていたか、どうして今これを思いついたのか、私が考えていたこととどんな関係があるのか……、すると必ず、次にするべきことが見えてきます。

先月、執筆とは関係ない仕事のことで、宇宙に質問をしていることがありました。質問をしてから数日間、そのことばかり考えていた（それに対して意識を集中していた）ところに、母から電話がかかってきて、十数年ぶりの友人と母がバッタリ再会した……という話を聞くことになりました。

その日、母は家の近くの美術館に行くために、いつもの道を歩いていました。

休日なので人通りが多く、向こうに見えている交差点に繁華街から流れてきている観光客が溢れているのが見えたので、人混みを避けようと思い、いつもと違う手前の路地を曲がったと言います……母の頭の中の地図では、その道は目的地までの近道だったはずなのです。

ところが、予想をつけたほうへ歩いて行ってもなかなか見慣れた場所が出て来ない、一本裏に入ると閑静な住宅地なので、道を聞けるような人も通りません。仕方なく元の場所に戻り、はじめに歩いていた道から行き直すことにしました。

「時間ばかりかかって、なにをしているのかしら（笑）」と思っていると、前から十数年ぶりの友人が歩いてきたというのです。

その人は母の昔からの友人で、私も小さいときはよく遊んでもらった人でした。その1週間ほど前から、母は久しぶりにその人のことを思い出し、どうしているかと考えていたところにバッタリ出逢ったと言います。

「いつもはあそこの角を曲がろうなんて思わないのに曲がらされて、すごく簡単な道のはずなのに迷っちゃって……まるで、彼女に会うために時間調整されたような感じだったわ（笑）」

この話を聞いたとき、私は考えました。

私があの質問について考えているちょうどそのときに母から電話がかかってきて、「まるで仕組まれたかのように会った」と言っている……ということは、私の質問をその人に話せばいい、ということかもしれない……。幸いなことに、その人は母の友人ですから、少しくらい的外れなことを話しても問題はないはずです。

果たしてそれを実行してみたら、私が思っていた通りの展開になったのです。

その人は、私が宇宙に質問をしていた内容にぴったりの人、つまり、私の質問の答えを持っている人だったのです。そのお陰で、私は仕事についてとても助かる情報をもらうことができました。

これには本当に驚きました。母も、交流がなかった十数年の間に、彼女の仕事が私の聞きたいことに関係ある分野になっていたとは、まったく知らなかったのです。「Aについて強く考えているときにBが起こる」ということは、「AとBは関係があるかもしれない」と思ったことが、当たっていたのです。

シンクロは、このような「はじめはただの偶然」と思えることをつないでいくことから始まります。

私の友人、Yさんの話です。

Yさんが、社内の新しい企画のチーフを誰にしようかと考えていたときに、ふと別の部署のTさんの顔が浮かびました。（頭で考えると、Tさんがチーフの適任者とは思えません。）そのとき、Tさんから突然連絡が入ります。（これも、今までに一度もなかったことでした。）

そこでYさんは考えます。自分が企画について考えているときにTさんの顔が浮かび、そのときTさんから連絡が入った……ということは、自分の考えていることを相手に伝えてみたほうがいい、ということかもしれない、と思ったのです。

そこで後日、別件で会ったTさんに企画の話をしてみたところ、Tさんの思わぬ才能（能力）がその企画に最適であることがわかり、あっという間にTさんがチーフに決まったのです。その能力とは、履歴書にも書かれていない、Yさんが企画のことを話さなければ決してわからない種類のことでした。

このように、ひとつのことに意識を集中しているときに同時に別のことが起こった、なにかが浮かんだ、ふと思った、というとき、それを偶然と思わずに、その意味を考えてみることなのです。

私も、この方法を頭で理解したときは（＝自分のものとして腑に落ちていなかったときは）、「そこまで、なんでもかんでも結びつけていいものか？」と思っていました。

あまりにこじつけ過ぎのような気がしたからです。

ところが、Ａの世界の人たちは、私が思っている以上にすべてを必然と捉えていました。そのときになにを見るか、なにを聞くか、どんなことが心に浮かぶか、どんな感情になるか、それらすべてがサインとなるのです。

難しく考えなくても、それがサインとなっている場合は、いつもと違う感覚として自分に届きます。「あれ？ すごい偶然だな」「これはなんだろう」という不思議な気持ちになるのです。

ただ、それに気付くには、普段から自分の思考とまわりに起こることの関係に注意深くなっていることが必要です。直感の通りに行動するのも、サインに気付くようになるのも、「慣れ」だからです。

✩見知らぬ人が答えを持っている――シンクロを利用するコツ②

あなたに必要なサインは、「情報を持っていそうな人」や「顔の広そうな人」から入って来るわけではありません。正確に言えば、「そのような人から入って来るときもありますが、まったく違うところから入って来る場合もある」ということです。

媒体は、あなたのまわりにあるすべてのもの、すべての人です。

久しぶりに会った人が、今の自分の状況にぴったりのことを話し出した（もちろん、相手はこちらの状況など知らないはずなのに……）という経験をしたことがありませんか？

これはまさに、目の前の人の言葉を借りて、宇宙があなたの発している質問に答えている、ということになります。

「私は宇宙に質問をした覚えなどない」と思っても、常日頃あなたが考えていること、思っていることは、そのまま宇宙に質問をしているようなものなのです。

だからこそ、あなたが日常、なにを考えているかが重要になってきます。マイナス思考が癖になっている人、望まないことを平気で口にしている人（言霊の力を理解していない人）は、そのたびに、宇宙にそれを発信していることになるので、返ってくる答えも、その心の思いに見合ったものになります。

意識してまわりを観察していると、「今日はこの言葉を聞くためにこの人に会ったな」

とはっきりわかる場合がよくあります。

つい数日前も、私があることで迷っているときに、仕事先で会った人の第一声、「迷っていることは、とりあえずやめたほうがいいですよ‼」という言葉が耳に飛び込んできました。

これを聞いて私はニンマリ……「そうですよね、迷っているという時点で気持ちが乗っていないということだから、やめようっと」ととても心がスッキリしたのです。

同じ言葉が、たとえば隣の家に住んでいる人、通りがかりの人、公共の場で出逢う面識のない人から来ても同じなのです。**「そのときそれが耳に入る」という偶然性を無視しないことが、サインに気付く第一歩**です。

講演会やイベントのときにあることですが、会場からの質問に回答する「Q&Aコーナー」に対して、「他の人のした質問の中に、今の自分に必要なことが全部入っていました」という感想をよくいただきます。ある質問への答えは、別の質問の答えも含んでいるのです。恐らく、会場内の多くの答えを網羅する質問を、私が自然と選ぶようになっているのでしょう。

知人のOさんが、旅行に行こうかどうしようか、迷っていたことがありました。無理をすれば行けないこともないけれど……と思いながら新聞を開いたら、「無理をしてでも旅に出よう！」という広告が目に飛び込んできたと言います。（想像するだけでも笑えます。）

今日、この人からどんな言葉を聞くだろう、今日一日の中で、どこからサインが来るだろう、と思い始めると、まわりのすべてのものが自分に必要なサインを見せ始めるのです。

✩宇宙はあなたの期待に反応する　――シンクロを利用するコツ③

シンクロニシティが次につながっていくことを一度経験すると面白くなってきて、次もまた同じような現象を期待するものです。**実は、この「期待する」というエネルギーはとても重要……宇宙はあなたの期待に反応するからです。**

三輪山で（私も含め）それまでになかったような答えを受け取れる人が多いのは、「ここはご神山だからきっと答えが来る」とそれぞれの人が期待しているからです。

読者の皆様との旅行で、不思議なことや面白いことがたくさん起こるのも、そこに参加する人たちが「きっとまた面白いことが起こるだろう」と期待しているからです。（本当に奇跡と思えるようなことも起こるのです。）

たった一人の意識でも影響を与えるのですから、全員が100％の期待を寄せれば、その「場」のエネルギーは高まり、面白いことや不思議なことが起こりやすい状態になるのは当然です。

ファンクラブの人たちとの旅行やイベントでは、私にもラッキーなことが重なります。イベントの前後に嬉しい知らせが入ったり、皆さまと楽しく過ごしている間に気になっていたことが解決していたり、いつもなにか新鮮で新しいことが起こる……これは、皆さまのエネルギーに私も引っ張り上げられているからでしょう。

考えてみると、ファンクラブ「ホホトモ」のモットーは、「他者との比較なく、依存なく、安心して思いを語ることができる場、安全で安心な場を作ること」です。日頃の肩書きや役割を取っ払い、人と競争する必要のない完璧に緩んだ状態で、自分が自分でいられる状態を作ることです。すべてのことを楽しめる人、自分と違う相手に対して「今この場に一緒にいる意味」を感じて耳を傾けられる人、それと同じエネルギーの人だけが集まるように、はじめからその場を設定しているのです。

ですから、常になにかと張り合っているような、妙な幸せアピールのあるような「似て非なるもの」の人たちがいるはずがなく、だからこそ、全員がなにかを期待するときのエネルギーはとてつもなく強いのでしょう。


「期待する」というのは、それが起こるのと同じ波動になるということです。

たとえば、スプーン曲げなど、現在の科学ではどこまで証明できるかわからないようなパフォーマンスを人前で見せるとき、普段は当たり前のようにできる人がテレビカメラなどが入った途端にできなくなる、ということがありますが、あれも、まわりの「場」が変わるからでしょう。

普段は、その力を信じている人や、できることを期待している人がまわりにたくさんいますが、テレビでは、その謎を暴こうとする人や否定的なエネルギーの人も多いので、場全体の期待が下がるのです。場全体が、そのとき勝っているエネルギーへ引っ張られてしまうのです。

この数年で、「UFOを見る人が増えた」という現象も、以前よりたくさんの人がそれらのものを認め始めたために、それが出現する確率（見える確率）が上がった？のかもしれません。

ファンクラブの人たちやＡの世界の人たちと行動を共にしているときに感じる、「このメンバーで悪いことが起こるはずがない」という無条件の期待、そこに引き寄せの法則が働き、他では起こりにくいような「すごいこと」が起こるのでしょう。

「信じるものは救われる」と言われるのも、「奇跡は信じるものに起こる」とされるのも、その人の場が、それが起きるのと同じ波動になっているからなのです。

朝起きたときに質問の答えを受け取る、という方法も、答えが来ることをはっきり期待したときのほうが明確に受け取れるようになります。

✩ はじめにあった高いエネルギー状態を維持する ――シンクロを利用するコツ④

宇宙に発信していることの答えが来たとき、たとえはじめの一回ですべてを網羅しなくても、引き続き答えがやって来ることを期待すれば、数日から数週間のうちに必ず次のサインがやって来ます。

たとえば、先に書いた「母の友人から答えが来た話」も、それで満たしていたのは、私の知りたかったことの60％くらいでした。ですが、それからも引き続き答えが来ることを期待していたところ、別の形で情報は入って来たのです。

自分が望んでいる方向を後押しするような「なにか」に出逢ったり、それを進めていくためにぴったりの方法をすでに実践している人と出逢ったり、何気なくつけたテレビ画面の端っこの小さな表記にハッとさせられたり、面白い夢を見たり……いろいろな形の小さなサインの積み重ねが全体の答えとなっていくのです。（決して、「これだけ」が全体を動かしたということではなく。）コップにサインが少しずつたまり、あるときそれが溢れ出す感じです。

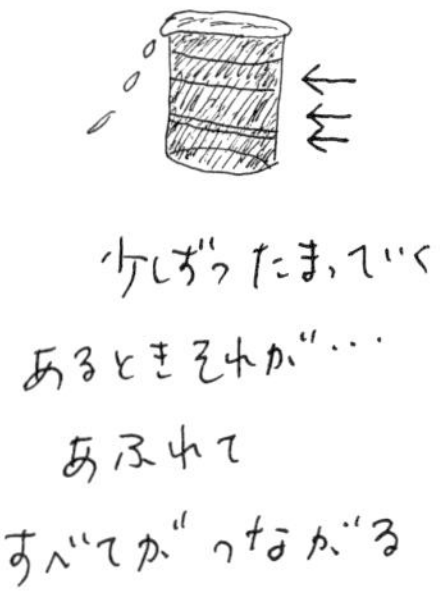
少しずつたまっていく
あるときそれが…
あふれて
すべてがつながる

ここで大事なことは、これらの情報の中で、私が望まない方法で入って来たものはひとつもなかった、ということです。

たとえば、（気が進まないのに）それに詳しそうな人を頭で考え出して無理に連絡をとるとか、（気が進まないのに）異業種交流会に出るとか、それに必要な資格の学校に通うとか、セミナーに出るとか……私にとって気が進まない方法で得た情報ではなく、すべて向こうから自然に集まって来たものばかりなのです。

つまり、情報の集め方についても、あなたの本音（直感）の通りでいい、ということです。たとえば、異業種交流会やセミナーに出ること自体に本気でワクワクする人はそれでもいいのです。ただ、「本当は気が進まないけれど、出ないと広がらない」というような理由でそれを選ぶのは、あなたの直感を生かしきれていない選択です。

「こうしないとうまくいかない（だから嫌だけれどそれをする）」という感覚は、「ワクワクする、楽しい」という宇宙のエネルギーではなく、恐れや不安から来る選択だからです。**恐れや不安から来る選択は、宇宙のエネルギー（波動）とずれているので、ワクワクするあなたの夢や望みを実現させる方法ではないのです。**

「その方法でやろうとするとモヤモヤする、気が進まない」というのは、あなたにとってはその方法ではない、というサインです。

情報を集めるときに唯一気をつけることは、「シンクロニシティが起きたときに無視しない、見落とさない」ということだけです。

私自身の実験を振り返ると、一番はじめに「それ」に感じたワクワクした気持ちを、その後もずっと持ち続けていると、引き寄せの力は永遠に働き続けます。

ですが、誰でも、その途中にちょっと不安になってみたり、はじめにそれを感じた興奮が日を追うごとに薄れたり、日常の別に関わらなくてはいけないことに向かってしまったりして、はじめの感覚が薄れる……ですから、いっときはシンクロが起こり始めても、それが続かなかったり、次につながる前に諦めてしまったりするのです。

ですが、引き続き純粋に、それが**最終的にうまくいくヴィジョンを持ち続け、まわりに起こる物事に注意深くなっていると、またシンクロが現れるのを感じることができるし、次になにをすべきかというサインも集まり始めます。**

すべては、あなたがそこに向けているエネルギーの量、質に呼応しているのです。

✩パッと思いつくヴィジョンは真実を伝えている

なんの前触れもなく、突然「パッと浮かぶヴィジョン」も、あなたにとって必要なことを伝えています。

なぜそれが浮かぶのか、それは、「そこに行ったほうがいい、それを調べてみたほうがいい、それをためしてみたほうがいい」ということかもしれない……そのときの自分の状況と重ねて考える癖をつけることが大切なのです。

これは、日常の小さなことで実験するのがお勧めです。

たとえば先月のこと、仕事の打ち合わせをした帰り道、翌週の旅行に持って行くお土産を買いに出かけたときのことです。

ドバイ旅行の前だったので、現地で会う予定の人たち十数名に「日本のお土産」を選ぼうと思い、帰り道にあったショッピングモールに寄りました。

ところが駐車場に車を停めた途端、なぜか別のお店のイメージがパッと思い浮かんだのです。「他の場所にしようかな」と考えていたのではなく、なんの前触れもなく、突然そのお店が浮かびました。

頭で考えれば、目の前のショッピングモールにも「和のお店」がたくさんあり、和食器から雑貨まで幅が広いので、ここのほうが選びやすいはずでした。それに比べて、そのとき浮かんだお店は老舗の漆器のお店……素敵なものはあるに決まっていますが（そして私がいただくなら絶対にそちらがいいですが（笑））、十数名全員のお土産をそれにするわけにはいかない……あのお店だけでは全部の用事が一度には済まないだろう、やっぱりせっかく来たからここを最初に見て、それから向こうに行こうかな……というようなことを頭でグルグル考えたわけです。

でも最終的に、思い浮かんだことがサインだと信じることにしました。（こういうときに、私の実験心がムクムクと湧いてくるのです。）

目の前のモールに行くのはやめにして、パッと浮かんだ漆器のお店だけに行くことにしたのです。でも念のため、代わりにスタッフにそのモールに行ってもらい、私のイメージのお土産を探してもらうことにしました。

果たして結果は……私が向かった漆器のお店で、全員分のお土産が一度に揃ったのです。とっておきの数点はもちろん、少し優しい価格帯でもとても気に入った漆器が見つかりました。（この数年で、リーズナブルな価格帯の商品が増えていたことを知らなかったのです。）お店のオーナーとも久しぶりに話ができ、中東の人へお土産を渡すときのアドバイスもいただきながら、ゆっくりと買い物をすることができました。

そして探しに行ってもらったモールのほうは、「数はあるけれど、どれもこれも違うと思う」という結果だったのです。

あのとき、頭で考えて良さそうなほう（モール）に行っていたら、すごい人混みで目当てのものも見つからず、結局漆器のお店に疲れた状態で向かう、ということになっていたかもしれません。そして、いつもいるわけではないオーナーとも時間がずれて会えなかったかもしれないのです。

さらに言えば、その漆器のお店の帰り道、ふと目に留まって入ったお店で、私がずっと探していたカゴバッグが見つかりました（笑）。旅行に向けて、「こういう感じのカゴ……」とイメージしていた通りのものが、そこに置いてあったのです。

このような流れの良さを経験すると、ふと思い浮かぶヴィジョンは偶然ではなく、なにかを知らせている、ということがわかってきます。

こんな日常の小さなことですら、私が考えていること、迷っていることへの答えが来ているということは、もっと大きなことにサインが来ていないはずがありません。その大きな事柄のときに迷わずそのサインを受け入れることができるように、日頃から浮かんだヴィジョンには素直に従う癖をつけておくと楽なのです。

ありがたいことに、**サインは、あなたがそこに心を開けば開くほど、ますます明確に生活の中に現れてきます。**その流れに乗り始めると、次になにをすべきか、どこに行くべきかがすぐにわかるのです。

「どうしてそれを選んだのですか？　どうしてそう決めたのですか？」と聞かれても、「そっちにしたほうがいい、というサインが来たからです」と言うしかないほど、自然な現れ方をしてきます。

✪情報が来たら、すぐに動く

あなたのところに情報が来たとき、次はとにかくそれを行動に移すことです。

私も含め、多くの人は、せっかく情報が来ているのに動かない……。サインに気付くところまでは来ているのに、結局やらない……それはなぜかと言えば、頭（顕在意識）

で考えたいろいろな理由に邪魔をされているからです。

1、そんなことを自分がしても、うまくいくかどうかわからない。（自分に自信がない）
2、前みたいにダメに決まっている。（過去にうまくいった前例がない）
3、このサインは気のせいかもしれない。（サイン自体を信頼していない）
4、今は忙しいから、時間ができたらやろう。（やらない言い訳を作っている）
5、まわりの人になんて言われるかわからない。（人にどう見られるかを気にしている）

これらはすべて頭で作り出したことです。不安や心配や、「今までと同じほうが安心」という、これまでの小さな枠に留めておこうとするささやきであり、あなたの本心ではないはずです。

本心は、そのサインに気付いたことでワクワクしているはずなのです。ワクワクまではいかなくても、不思議な気持ち、面白いことが起こっていることを発見した静かなドキドキ感があるはずなのです。

先に書いたことを、宇宙のエネルギーの視点から書き替えると、

1、そんなことを自分がしても、うまくいくかどうかわからない。（自分に自信がない）

↓あなたがやるとうまくいくから、そのサインが来ているのです。

2、また前みたいにダメに決まっている。（過去にうまくいった前例がない）

↓これまではそうでも、今回は違うかもしれません。

100回失敗しているならともかく、失敗した経験があったとしても数回のはずです。

3、このサインは気のせいかもしれない。（サイン自体を信頼していない）

↓あなたが気のせいと思えば「気のせい」に、行動に移せば「意味があるもの」になります。

4、今は忙しいから、時間ができたらやろう。（やらない言い訳を作っている）

↓それが絶対的にうまくいく方法だと知っていたら、

他の用事を後回しにしてでもやるはずです……結局、信じていないのです。

5、まわりの人になんて言われるかわからない。（人にどう見られるかを気にしている）

↓まわりの人は、あなたが失敗してもうまくいっても、なにか言うかもしれません。

あなたが思っているほど、まわりはあなたのことをいつまでも気にしていないものです。

あなたはまわりの人たちの人生を生きているのではありません。

小さなことなら、誰でもサインを感じたことがあるはずです。

たとえば、「今の自分にぴったりの素晴らしい本を見つけた、考えてみると、それを本屋で見つけたとき、この本だけが光っているように感じられた」というようなことです。これを逆から考えると、「あの本が光って見える（ような気がする）、今の自分に必要というサインだ、だから買おう」という流れです。

このときに浮かぶ、「気のせいだろう」「後で買おう」「今はお金がないから」「また最後まで読まないから」というような考えが、頭（顕在意識）で考えていることです。光が出ているまでは感じなくても、それが目に留まるのは、それが他とは違って見えるから目に留まるのです。しかもそれは、あなただけに違って見えるのです。別の人には別のものが際立って見える……それは、あなたとその人に必要なものは違うからです。

以前、スピリチュアルな能力の高い人と一緒に車に乗っていたときに、海外で道に迷ってしまいました。電話もナビもあるので調べれば道はわかったのですが、面白がって、すべてその人の言う通りの道に進んでみたのです。

結果的に最短距離で目的地にたどり着けたのですが、道を選ぶときの基準がすごい……「こっちの道のほうが明るいから」「あっちのほうがなんとなく好きだから」「両方を見たときに、あっちのほうに綺麗な鳥がいるから」というような理由なのです。

言葉にするといい加減に感じますが、高いレベルで、「それを思ったときに心がワクワクした（だからそっちを選ぶとワクワクする結果になる）」という基準を100％信じて実行しているだけなのです。

これに比べれば、理由もなく突然なにかが浮かぶ、ということに意味がないわけがありません。ゼロの状態から理由もないのに浮かぶのですから、それをやってみたほうがいい、という情報なのです。

✩情報の先がわからなくてもいい——ロールプレイングゲームの地図をもらう

ふと浮かんだ〇〇について、それを調べてみる、行ってみる、それについて聞いてみる……そのサインをなにかしらの行動に移すことが、サインを生かす方法です。

たとえばあなたが引っ越しをしようと思ったら、アンテナに引っかかった物件はすぐに調べるはずです。まわりの人に伝える、「良いのがあったら知らせてください」と何度も発信する、道を歩いているときに物件のチラシがあったら近づいてよく見る……その繰り返しで、タッチの差で思わぬ良い物件に巡り合うという「縁」を引き寄せます。

これとまったく同じなのです。あなたが発信していること（知りたいこと）の答えがどこにあるかを探し、見つけたらすぐになんらかの行動に移すことなのです。

先月のこと、友人から連絡がありました。

「ある映画を見ていたらね、急に◯◯（土地の名前）が浮かんでね。すごく気になったから次の日に行ってみたの。そしたら急にそこでカフェをやろうと思いついたのね。そしたら、知り合いがここの市役所にいることがわかってね、物件は見つかり次第教えてくれることになったの！　でね、カフェを出せる資格も早速とったから、今は家具のことを考えてて、多分年内にはやっていると思う……」

詳しく説明すると、こういうことになります。

彼女の好きなマンガが映画化されたので見に行ったら、映画に出てきた風景から◯◯の土地を思いついた、それまでまったく縁のない土地だったけれど気になったので、翌日ひとりで行ってみた、そこで楽しく観光をしているうちに、「ここでカフェをする！」というヴィジョンが浮かび、それにとてもワクワクしたので、ランチに入ったお店(それも映画に出てきたものと同じものを探して食べた)で、早速その土地とカフェのことをスマホで調べてみた。そのお店から出た目の前にあった看板から、知り合いがここの市役所で働いていることを思い出し、カフェに使えそうな物件は、見つかり次第教えてくれることになった。次に浮かんだことは、カフェを開くための食品衛生責任者の資格……調べてみたら、それを取得できる場所が自宅の近くにあることがわかったので、すぐに取得する。物件はすぐに見つかるだろうから、次にできることは家具を……という時点で私に連絡があったのです。

起きていることは誰にでもありそうなことですが、ポイントは、「自分の思いつきと行動」だけで次を進めていくことです。

ふと思い浮かんだので翌日に行ってみたら（ここの行動がまず早い）、そこで次のことを思いつき、それを行動してみたら（その思いつきを行動してしまうところもすごい）、今度はこれが浮かんできて、という連想ゲームの繰り返しです。

思いついて行動する、までの間の「考える」というアクションがない、思いと行動のあいだが直結しています。

この流れをさらに詳しく聞くと、「そこに行ったときに、こういうことを感じた」というそのときの自分の小さな感じ方を、道標にしていることがよくわかります。ひとつひとつが、次を思いつかせることに必要なステップなのです。

彼女は、「今の私がワクワクするやりたいことを教えてください」という質問を宇宙に発信していました。その答えが来たのです。（彼女のこれまでの実現力が公開されたかのようでした。）

情報は、それが来たときに、最後までのからくりが一度に見えるわけではありません。ですから、その一部がサインとしてやって来たときに、まさかそれが答えだと気づけないのです。その映画を見てその土地を思いついたときに、「ここに行くとあなたはこういうことを思って、こういう人とのご縁があって、最終的にあなたが質問していた答えが出るよ……だから、早くここに行って！」まで説明してくれるわけではないのです。

もしあなたがその情報を与える側であったとしたら、言葉の通じない相手には、とにかくそれに関係あるヒントを見せ続けるしかありません。相手が気付いてくれるまで、日常生活で（たとえば）本の言葉を通して、映像を通して、ふと通り過ぎる通行人の話を通して見せ続けるしかないのです。手を替え、品を替え、情報を与え続けてくれているのに、それを素通りさせてはもったいないということです。

でも安心してください。**あなたがその質問を繰り返している限り、一度目で気付かなくても、サインは形を変えて何度でもやって来ます。**

ただたいていの場合、途中でその人自身が諦めてしまうので、質問をするのをやめてしまい、サインが来なくなるように感じるだけなのです。

諦めてしまうのは、生活に変化がないからです。でも、あなたに来ているサインを行動に移せば、変化はすぐに起こります。まるで、毎日の生活がロールプレイングゲームのように感じ始めるでしょう。自分自身が感受性の強いアンテナであり、そこに引っ掛かったものを追って行くと、次にするべき自分の冒険物語が紐解かれていくのです。

その地点に
実際に行くからこそ、
次の道が拓ける。
ここまで来なくちゃ
次は見えない

✩「お願い」と「断言」、どちらが実現力が高まるか

「宇宙に質問する」という表現のときに「〜になりますように」というお願いの形と、「〜になる」と断定する形と、どちらのほうが力が強くなるかと言えば、「断言」のほうが引き寄せる力は強くなります。「それがそうなる」ということを確信した結果、出てきている言葉だからです。

夢の実現に必要な成長、努力は、ほうっておいても起こるので、はじめから「私の努力と引き換えに」というような犠牲を思いに込める必要はない、と私は思います。宇宙は、あなたの発信するエネルギーに応じているので、「夢をかなえるには犠牲が必要、尋常ではない努力が必要」と思えば、それもセットで与えられるからです。（まさに、思い通りの人生です。）

自分の思いが現実になるという確信があれば、言葉が「お願い」の形をとっても問題はありません。「それが確実にそうなることは知っている、（その上で）どうぞ力を貸してください、いつも守ってくださってありがとうございます」というニュアンスです。

宇宙に思いを発信するときに「○○になる（○○をする）ために、今の私に必要な

ことを教えてください」という言い方が効果的なのは、「○○になる」を前提にした聞き方だからです。「○○になれますか？」ではなく、そうなることが決まっていなければ、方法を聞くところまでいきません。

また、確信していること（そうなると決まっていること）に対しては、不安にならないものです。たとえば、「明日の朝、太陽が昇って来るだろうか」ということを本気で不安に思う人はいません。目が覚めてすぐに、「今から起き上がれるだろうか」と不安に思うこともありません。何が起こるかわからないとしても、少なくともきのうまで普通にしていたことを疑う人はいないからです。

同じように、それが絶対にそうなると決まっていることについては、不安や心配のエネルギーが生まれないのです。

最近、私の友人が、とても大きなことを引き寄せました。

はじめにその望みを聞いたとき、まわりの人は「最高の状態はAだけど、Bでも充分なのでは？」と、思っていました。

ところが、彼女にははじめからBはなく、絶対にAの状態が来ると信じ、それを微塵も疑っていなかったのです。毎朝、宇宙に宣言をするときの確信力もすごいものでした。（私は彼女の話から様子を想像しただけですが……（笑）。）

面白かったのは、彼女は確信していたAの状態に具体的な条件や詳細は決めていませんでした。ただ「『こんなラッキーなことはあり得ない！』と（私自身が）感動するほどの満足な状態」と設定していただけだったのです。

そして実際、実現したAの状態は、私たちが想像していたより何倍も素晴らしいものでした。「そんなラッキーなことが、このタイミングでそこまで重なることってある？」というものだったのです。

はじめに思い描くイメージに制限をつけなかったおかげで、彼女は自分の確信通り、「自分自身がこんなラッキーなことはあり得ない！と感動するほどの」ラッキーな状態を実現させました。このプラスの思い込み、確信の強さに関して言えば、彼女は間違いなくAの世界の住人だと思います。

「どうすれば確信することができますか？」という質問をたまに受けますが、そのヴィジョンが浮かぶ、そのイメージができる、パッと思いつく、ということは、あなたの未来にそれがある、という証拠なのです。すべての人が、それについて同じようにイメージできるわけではありません。そのイメージがそれほど鮮やかではなくても、「それが浮かぶ」というだけで、確信するに充分なのです。

✩明確に質問すれば明確に、曖昧に思えば曖昧な情報が来る

あなたがぶれないエネルギーで宇宙に質問をしていれば、ふと目に留まるもの、耳に入って来ること、そこから連想したことなどは、すべて間違いなく質問の答えにつながるヒントです。

質問をしたすぐ後に答えが来ればわかりやすいですが、答えが来るまで時差があることもあります。また、別の形を通して伝えて来ることもあります。

ですから、すぐに答えが来なくてもいちいちぶれないこと、それがそうなると確信を持つことが大切です。

「私はなにも発信（質問）などしていない」と思っても、宇宙は、あなたが日頃考えていること、思っていることのすべてに反応します。（引き寄せます。）

ですから、あなたが望んでいることや知りたいことを明確に発信（質問）していればその答えがやってきますが、そうでなければ、普段あなたがなんとなく思っていることを引き寄せるのです。**あなたが毎日漠然と考えていること、心に思っていることは、**

それだけで宇宙に質問を発信しているのと同じなのです。

「こうなってしまったらどうしよう」と思っていれば、「こうなってしまったらどうしよう」を引き寄せ、「心配だ心配だ」といつも思っていれば「心配するべき状況」を引き寄せます。

つまり、あなたが毎日どんな質のことを考えているかが重要になってくるのです。

知りたいことに対して曖昧な質問をしているのも、とてももったいないことになります。先に書いた三輪山でのように、自分の知りたいことを明確に伝え、その答えが来ることを本気で期待していれば、あなたにとってわかりやすい方法で、日常のあらゆるものを通して答えはやって来ます。

Aの国の人たちは、たとえ明確な質問として意識していなくても、すべてをプラスに捉え（プラスの発信をして）、低次元のもの（自分が望まないもの）からはきちんと距離を置いて自分を守り、自分が楽しくなるワクワクしたことだけを考えていることが多い……だから、そこにやって来る直感も、情報も、偶然の一致も、そのワクワクのエネルギーに沿ったものなのです。

そしてそれは、あなたが自分の本音に正直になればいいだけです。本音で違和感のあるものからは素直に距離を置く、起きる物事を本音であなたが楽になるように捉える、必要な情報を集める方法も、あなたが本音で楽しく感じる方法でいい……すべて本音の感覚（直感）がサインなのです。

「質問をすれば答えが来る」という引き寄せの仕組みを、もっと賢く使ってみてください。ネットやメディアや特定の人に頼らずとも、あなたにとって本当に必要な人、情報と出逢います。しかも、あなたのそのときの状況に応じて、次にするべきことまで教えてくれる完全なオーダーメイド、あなた専用のアドバイスをもらえるのです。

第5章

出逢いの旅、ドバイへ
〜セレブリティも実践している神秘のルール〜

✪なぜ、今、私がドバイに行くことに？——弁天様のお導き？

前章までに書いたこと……すなわちこの世の「引き寄せの法則」のより深いレベルでの理解、今ある自分のエネルギーを守るためにもっともっと直感を信頼すること、そして、まわりのあらゆるものが情報を伝えてくれていること、それに気付くために、シンクロニシティやふと思いつくヴィジョンなど、一般的に言う「目に見えない」とされている事柄に心を開く重要性……などについて考えている頃、「宝島社」からドバイ行きの話を依頼されました。

このときの私の直感的な感想は「面白い！　でもどうして？　なんで今、私がドバイ？　どんな意味があるの？」という子供のような興味でした。

一方、頭（顕在意識）で考えたことは「行ってみたいけれど、ドバイに行って本は書けるの？」というもの……これまでに他社で旅行本は書いていましたが、その依頼はハワイとインドネシアのバリ島で、どちらも本を書きやすい環境が整っていたからです。

ハワイは、私自身が幼少から馴染みのあった場所でもあり（幼稚園が向こうだったこともあり）、「ヘイアウ」と呼ばれる聖地が大自然の中に点在している、誰が聞いてもパラダイスの島。一方バリ島も、ヒンズーの寺院が数多く存在し、「神々の島」として現地で感じたことを書くのはとても自然なことに思えました。

それに対して「ドバイ」のイメージは……、非常に人工的な、オイルマネーと海外資本の象徴のようなビル群、見られる自然は砂漠だけ、宗教は馴染みの薄いイスラム教、日本のメディアから垣間見ることができるイメージも、「金満的、派手好き」で、浄化や再生をテーマにして書いたこれまでの旅行本から考えると、「一体、なにを書けばいいのだろう」と感じたのです。

唯一、ドバイへのつながりを感じたのは、その前年から続いていた「サラスワティ」の神様の流れでした。（「サラスワティ」とは、日本では「弁（財）天」として知られる神様の大元とされています。）

ドバイ行きを依頼された前の年から、私が行く場所やお参りする神社が、とにかく弁財天に関係のある場所であることが多く、新たに出会う方々からも、なぜか「弁（財）天」様の話を聞くこと（聞かされること）が多かったのでした。その年のお正月は、日本三大弁財天である「厳島神社」へのお参りから始まり（もちろん、たまたまです）、春と秋は弁天様の元祖である「サラスワティ」をバリ島で拝み、年末には、これも日本三大弁財天である江の島の弁財天にお参りしている自分に気付きました。もちろん、私が意図して行動したことではなく、すべて自然の流れであり、皆様に指摘されてはじめて気付いたのです。

「弁（財）天」は、ご存知のとおり「富」の神様。近代の富とお金が集中している王国「ドバイ」に行くというのは、その神様の流れ、ご縁なのかもしれない……とドバイ行きを依頼されたときにふと思ったのでした。

4章に書いたことからすれば、このふと思ったことは、私にとって正しいなにかを伝えているということ、そしてなにより直感的に「あ、面白そう！　行ってみたい」と感じたことがなによりの動機になりました。「ドバイのことを紹介するのはもちろんだけど、とにかく現地で感じたことを自由に書いてくれればいい」という編集長の言葉を何度も心で繰り返し、「頭で考えずにまずは行ってみよう」となったのでした。

結果から言えば、わずか8日間の滞在で、私はすっかりドバイにはまってしまったのです（笑）。「起こることにはすべて意味がある」ということを再確認する旅となった……やはり、すべてに偶然はないのです。

✫よくできている！　物心両面で豊かなドバイの仕組み

ドバイをイメージしたとき、まずはあの超高層ビル（摩天楼）が建ち並ぶ未来都市のような景色が浮かぶはずです。

実際、首が痛くなるほどの高層ビルがニョキニョキと建ち並んでいる景色は圧巻で、滞在初日、真夜中にドバイに到着し、まだここがどこかもわからないような寝ぼけた状態で、突然太陽の光がサンサンと照りつける砂漠の中のオアシスに引っ張り出され、青空に向かってそびえる超高層ビル群を仰いでいたら、不思議な気持ちになりました。

ああ、ドラえもん……マンガにあった22世紀の未来都市。陳腐な表現ですが、同行した日本人で、他にも同じことを言っている人がいて……それくらいに色鮮やかで個性的で、画面から出てきたオモチャのように「造られた感」があったのです。

そしてそのデザインがとにかく個性的でした。まったく枠のない自由なデザイン……それなのに、近隣の住宅街とも絶妙にマッチしており、陸と水と空を最大限に使い、風景全体を都市計画の一部としてデザインしていることがよくわかります。

「日本のウォーターフロントは、産業がメインになっていて、ロジスティックス（物流）の視点で建物を見ていることが多いから、どうしても景色がつまらなくなるよね」とは、この摩天楼の設計にも携わっている、日本を代表する設計会社のFさんの説明です。

たしかに日本では、埋立地として、新たにその空間を自由に想像（創造）できることになっても、他の土地と同じような個性のない「ただの埋立地」というエリアが出来上がります。ドバイの「ジュメイラ・パームアイランド」のように、空から見ても美しく、すべての建物からウォータフロントの景観を望めるような大胆な構造のものはありません。

「日本は地震もあるし、海と陸の管轄が別だからね」

とFさん……この摩天楼を見るだけでも、「Think Big!」の気持ちになるものです。

この摩天楼に続き、世界一高いタワー、世界一広いハブ空港とショッピングモール、世界一値段の高いホテル、世界一速いパトカー（ランボルギーニやフェラーリ）など、「世界一〇〇」を特徴にしたものが数多くありましたが、私がなによりも感心したのは、ドバイの「よく考えられた経済発展の仕組み」でした。

ここでドバイの歴史を少し……ドバイは、アラブ首長国連邦（UAE）の中の7つの首長国のひとつであり、他の首長国と共に独立したのは1971年、それより前はイギリスの保護国でした。

1853年から始まったイギリス保護の時代より前、ドバイの地域は漁業と真珠の輸出を主な産業とする漁村でした。（その後、真珠産業は、日本のミキモトが人工真珠の栽培に成功したことから、20世紀に衰退します。）

イギリス統治下の20世紀初頭には、東インド会社への自由貿易の中継地点として重要な役割を担い、20世紀半ばには、「クエート」からの借金を元に「ドバイ・クリーク」の浚渫工事が成され、現在の物流拠点となる「ドバイポート」の基礎が築かれました。1966年にドバイ沖で油田が発見されたことがUAEを後押しし、1971年にスエズ運河からイギリス軍が撤退した年に独立します。

現在のドバイの繁栄を築いた名君のラシード首長（UAE全体の副大統領、兼、首相。1990年没。現在は息子のムハンマドが首長）は、「石油はいずれなくなる」ということを当時から見越し、石油以外の富をもたらすために産業の多角化を考えました。それが「金融、流通、観光」などに対して行われた経済政策です。

1985年に開かれた経済特区「ジュベル・アリ・フリーゾーン」を始まりに、海外資本100％で起業ができ、所得税ナシ、法人税ナシなどの優遇措置でビジネスができるエリアが作られたのです。魅力的な条件が揃っているドバイに、外国資本の企業が次々と進出して多くの外貨が集まったため、わずか数十年で摩天楼が現れました。

地理的にも、世界のハブ空港、ハブポートとして機能しており、現地ビジネスマンの多くが、「ドバイが物流でも世界の拠点となっていなければ、これほどまでの成功はなかった」と語っていました。

ドバイに着いたときに驚いた、広大な「ドバイ国際空港」も、一般旅行客が移動するには広過ぎて大変ですが（私たちは自動カートに乗せられ、思った以上の高速運転で空港内をかっ飛ばしました）、ヨーロッパやアフリカ大陸への物流の中継点として、ビジネスの上でかかせないハブ空港になっているのです。（2014年には、国際線旅客機の数で、世界一位。）


興味深かったのは海外企業だけではなく、現地ローカルの人たちも、ドバイという国に住むことができる幸せを感じていることです。

ドバイの国籍を持つと、教育費、医療費、水道代、電気代が無料（最近ではその規模や条件が変わったと言いますが）、結婚すると土地や家が与えられると言います。

海外に留学するときは、その必要経費の多くを国が負担してくれます。独立するまでイギリスの保護区であったため、イギリスの大学への留学ルートも整っているのです。また、国内にあらゆる人種が住んでいるため、子供たちは3カ国語程度は普通に話すことができます。英語とアラビア語、あとは両親の仕事や出身国によるのでしょう。

同時に、外国人がドバイの国籍を取得することには厳しい条件が課されているため、全国民の2割しかドバイ人がいなくとも（8割が外国人！）、ローカルの人たちの権利が侵されることはほとんどないのです。同じ国民同士が結婚し、富が外へ漏れないことを優遇する政策などもあるため、自国の文化を守っていく仕組みがきちんと機能しているのです。


国民全員が、この豊かな仕組みを築いてくれている王様（首長）に感謝している……国民全体が、自分の国の王様が大好きで、外の人も中の人も、どこの国の人だろうと、「やる気さえあれば、みんな豊かに発展しましょう」という姿勢なのです。

想像してみてください。教育費や医療費、水道代、電気代が無料ということは、生きること、生活することへの金銭的不安がまったくないということです。

するとなにが起こるか……それぞれの人が、自分の本当に好きなこと、ワクワクすることに進み始めるのです。生きるためのお金を維持するために、好きでもないことを嫌々するような仕事の形ではなく、それぞれの人が真に興味のあること、自分の心を揺さぶることに向かい始める……すると、実はその興味の矛先は100人いれば100通りなので、本当の意味での適材適所に落ち着きます。

そして、多くの人が豊かな気持ちでいるためでしょうか。「役所のような国の施設の対応が、非常にいい」という評価も多く耳にしました。「官と民の対立」というものはなく、「官」はいつでも国民の最高の味方なのです。

世界一高いビル、世界一高級なホテル、世界一大きなショッピングモール……というような「形」の裏で、国民の精神的満足度もしっかり満たしていたのです。

✩外国人としての疎外感がないボーダーレスな国
――アルグレア財閥Jumaさんとの出逢い

ドバイの人たちは、自国の急速な発展と豊かさが、国内の王様の政策と、国外からの資本で成り立っている、ということを理解しているため、基本的に外国人にオープンな姿勢で接するようです。

アラビア貿易による外国との交流によって発展した歴史もあり、近年は世界一の規模を誇るドバイ国際空港が、アジアとヨーロッパ、アフリカをつなぐハブ空港として物流の拠点となっているため、常にたくさんの外国人が出入りしています。

充実した教育システムを求めて、中東やヨーロッパの子供たちも多く集まるため、様々な言語が飛び交っている……つまり、「ローカルだから」「アジア人だから」「白人だから」というような差別を感じないのです。アジア以外の海外に行ったとき、最終的にいつも私が感じていた疎外感、「どんなに言葉の壁がなくても、アジア人の私は絶対に現地のコミュニティには入っていけない……」という壁をまったく感じませんでした。

また、英語や米語ではなく「グローバル・イングリッシュスピーカー*1」が多いので、こちらが話すときに「ネイティブ・イングリッシュ」に感じる「妙な劣等感」もありません。（滞在中に取材したほとんどの方々と無理なく会話ができたのは、「グローバル・イングリッシュ」を話す人が多かったからだと思います。）

＊1 ネイティブのような発音を求めず、「通じる」ことを最大の目的とした「道具」としての英会話。

（アルグレア財閥「Juma Bin Ahmed Al Ghurair」氏に取材した当時の日記から）

さて次は、エアポートフリーゾーンの近くにある政府の建物を訪問し、アルグレア財閥の「Juma Bin Ahmed Al Ghurair」氏のお話をうかがう。

Ｊｕｍａさんは、白いイスラムの衣装がとてもよく似合う、背の高い男性だった。とても穏やかで温和そう。

はじめに、アルグレア財閥の始まり（歴史）についてうかがった。

１９３０年から40年代、アルグレア財閥の主なビジネスはパール産業だったが、１９５０年頃から日本のミキモトがパールの養殖に成功したことでパール産業が途絶え、主なビジネスは貿易業にシフトしていった。１９５０年代に石油が発見されたことによって、ＵＡＥ全体のビジネスの形が変わり、アルグレア財閥は、貿易業、銀行業、手工業産業をはじめ、セメントや小麦産業など多角的にビジネスを始める。現在、Ｊｕｍａさんは、一族とは別の不動産コンサル会社を経営している。

　ドバイは今、ひとつの産業、ひとつのマーケットに頼らずに成長していくサステナブルな（sustainable：持続可能な）戦略を考えているという。

　たとえば空輸業について、今まではイランをメインにしていた輸出エリアをアフリカにも広げている。たとえばモルディブでは、その島のホテルのすべての製品がドバイから運ばれているというように、ドバイが世界の物流拠点になっているから、他にもビジネスのポテンシャルがあると言う。エミレーツ航空には、２０１４年に約４０００万人の利用客がいたのに対し、ドバイの人口は約100万人しかいないことを考えると、ほとんどがここを経由して他国へ向かう人たちであることがわかる。

　そして、観光、教育、医療でも外からの素晴らしいものを導入することによって、多くの素晴らしい人材が集まっているらしい。この、「素晴らしい人材が集まる」ということがポイントな気がする。

帆「日本の場合、外資が入って来ると、その産業を根こそぎ持って行かれてしまうのではないかという不安が湧いたりするけれど、ここの国の人たちは外資に対してすごく寛容で受け入れる能力が高いような気がします」

J「もちろん、外国人が入って来ることを嫌がる一部の国民もいるけど、相手の良いものに対してオープンになり、その上で競争をしたほうが豊かな発展をするよね。クローズド（closed）な環境にいれば動きはなくなる。外からいいものが入って来れば、ローカルはそれと競争するようになるからね」

良い意味で歴史がないから、他者を受け入れることに対しても柔軟なんだろうな。ある意味、ドバイにはあまり「文化」というものがない……だからこそ、変な執着はなく、今ある素晴らしいものは、それが国内だろうと国外だろうと柔軟に受け入れようとするのだ。でも、文化はないと言っても、アラビアの文化は色濃く残っているよね……それらがきちんと残されているのはなぜだろう。

帆「ドバイには、これだけたくさんの外国人（8割が外国人）がいるけど、アラブ人の文化やアイデンティティはどうやって守っているのですか？（日本では、外国人が入って来ると、日本人としての大事なものが失われていくことを危惧する声も多いから）」

J「それはどの国でも起こり得ることで、ドバイでも若い人はどんどん変わっていっている。でも、国がきちんとルールを作れば、そこに住む外国人も自然とそれに沿うようになる。そういうルールが敷かれる前に、ただ無防備にオープンにしてはダメだよ」

なるほどね。あらゆる場合を想定したルール作りがきちんとなされていて、しかも国民から見て本当に「自分たちを守ってくれているんだな」という実感が充分にあるから、みんなが喜んでそれに従うんだよね。ここでも、官と民の両方がバランス良く機能していることを感じる。

次に、7人も子供がいるJumaさんに、教育について聞いてみた。

帆「子供が、あなたの望まないようなことをしたらどうしますか？」

J「どうしてそれをしたいのか、理由を尋ねることが大事だよね。ただやみくもに『それをしてはダメ』と言うのでは、子供はそれをやりたいのだからなんの効果もない。でも理由を質問して、それをこちら（親）にきちんと説明できなければ子供のほうも納得してやめるし、逆にまっとうな理由があれば、やってもいいということになるかもしれない。そして、親のほうも、どうしてそれをダメだと思うかを説明すればいい」

これ、深く納得！　昔、小学校受験のお教室の手伝いをしていた私から見ても、幼児教育のツボを押さえていると思う私の母が、昔からよく言っていた。

たとえば、レストランでうるさく騒ぐ子供に、ただ「静かにしなさい！」と怒鳴るのは、親のヒステリーをぶつけているだけ。子供は「公共の場で騒ぐのは良くない」ということがわからないからだ。もし、子供のそばに寄り添い、「あそこにいる女の子が、あなたと同じように大きな声を出したり、走りまわったりしたら、○○ちゃんはどう思う？　お食事を楽しむことができないでしょ？」というように説明をすれば、わからない子供はひとりもいないと言う。

この「いちいちの手間、説明」なんだよね。それを省いておいて、「うちの子供はいつもうるさくて……」は通らない。そしてそういう会話を含め、子供とのやりとりすべてを楽しむこと。これを言ったら、この子はどんな反応をするだろうか、という観察対象として眺める。だって、自分の考え方がすべて子供に伝わっていくわけだから。子供は親の象徴だ。

Ｊｕｍａさんいわく、父親として子供の教育に必要なことは、「行儀良く、自分に責任を持つこと、誠実に、家族や親戚に敬意を払うこと、宗教の教えに従うこと、それが、彼らが大きくなったときにきっと役立つ」とのことだった。

これも100％同意だな。そうすれば、大きくなったときに、「親が自分にしてくれた通りにすればいいんだな」とわかるよね。私も、子育てで困ったときは、親が私にしてくれたことを思い出せばいい、といつも思う。そうやって、親の教えは子供に受け継がれていく。

J「お互いを尊重し合っていないと、教育はできないものだよ」

これも名言。下の者は上を尊敬し、上の者は下の世話をする。その教えが習慣になることで一族が維持されていく。

これは日本でも同じだと思う。「お父様、お母様のことを尊敬する」というのは、小学生のときによく言われたことだ。

帆「他者と一緒にビジネスをするときに、その企画や商品から確実に利益が生まれるという見通しが立てられても、相手の人がいまいち……というとき、そのビジネスを進めますか？」

J「もちろんNo！」

このような人たちにとって、「ちょっとでもモヤモヤしたら進めなくていい」なんてことは当たり前のことだ。そこにモヤモヤするのは、「進めるべきではない」というサイン。
こうやって話すと当たり前のことなのに、「それをやっておいたほうが得だから」というような頭で考える判断で動いている人が多過ぎる。そういう基準になった途端に、直感は鈍るだろう。直感っていうのは、この「モヤモヤする」という感覚そのものだからだ。

帆「なにをしているときが一番幸せですか？」
J「たくさんあるよ。仕事としてはプロジェクトを終わらせることが幸せ。いい仕事をするのも、友達に会うのも幸せ、ボクを幸せな気持ちにさせてくれるものはたくさんある」
帆「じゃあ質問を変えて、なにをしているときが一番リラックスできますか？」
J「Many things（笑）。そのときによって変わるよね。一日オフィスにいる日であれば、ちょっと外に出てコーヒーを飲むことが最高のリラックスだし……そのときの状況によって友達と会うことだったり、モスクに行って祈ることだったり、ビーチに行くことだったり」

「じゃあ、趣味はなに?」の質問にも「Many things(笑)」だった。

J「とにかく、自分を楽しませてくれることはたくさんあるよ。だから、あまり予定をぎっしりたてずに、今日やりたいことをやる。リラックスして物事にあたると、物事はとてもシンプルになるからね」

そうよね、ホントにそう。ちょっとコーヒーを飲むのも、仕事をするのも、すべての作業がリラックスになり得るし、そのときの自分に活力を与えてくれるものになる。

そして、「今日やりたいことをやる」というのは、直感に従って好きな行動をする、ということだ。物事を詰め過ぎずリラックスすれば、その感覚にも自然に鋭敏になるだろう。

Jumaさんの話し方は、自然の流れや、そこに起こるシンクロや自分の本音(直感)を当たり前のように活かしている人の話し方でした。この世を動かしている法則に乗っているからこそうまくいく、ということを体現している人の穏やかさや大きさを感じる対談でした。

素晴らしい時間だった。

✩実は、ドバイって未来の理想都市!?——Ｌａｍａさんとの出逢い

ドバイでは、ビジネスをするときの「女性差別」もまったくないと言います。女性の閣僚をはじめ、公の主要ポストで働く女性も非常に多く、取材した多くの女性ビジネスマンたちも、仕事をする上で「女性であること」のデメリットを感じたことは一度もない、と話していました。

（当時の日記から）

今日の夜は、Ｆさんの友達のMs.Lama Farsakhさんのご自宅にお邪魔した。

Ｌａｍａさんはパレスティナ出身で、ドバイで設計事務所をされている。

２００７年には、優れた女性ビジネスマンに与えられる「ＥＢＡ：Emirates Businesswoman Awards」という賞を受賞。パームにある素晴らしいヴィラで、ご主人とお嬢さんと一緒に暮らしている。（お嬢さんはアメリカ留学から一時帰国中。）

この「パーム」というエリアにある家は、どれも海に面した素晴らしいロケーションだ。ヤシの木（パーム）の葉っぱの部分のような形に道路がデザインされているので、すべての住宅がウォーターフロントになっているのだ。

Ｌａｍａさんの家も、リビングから向かい側のプライベートビーチに出ることができ、対岸には、赤や緑の電飾に照らされたアラビアチックな建物が、モヤの中にボーっと浮き立っていた。なんともエキセントリックで幻想的。今までに見た別荘の中で一番、というくらいのロケーションかもしれない……。

ビーチの手前には、真っ白なソファと、ほどほどの大きさのプールがある。この白い布のソファは、雨の降らない国だからできることだよね～。

Ｌａｍａさん一家は、第二次大戦後までパレスティナに住んでいたけれど、１９６７年にパレスティナとイスラエルが分かれたときに国を追われ、ドバイに移って来たという。Ｌａｍａさんのお母様が「紛争からできるだけ遠い場所に移りたい」と地図を広げ、ドバイの位置を確かめて「ここに行こう」と決めたらしい。移住したときにすべてを失ったそうだけど、その後お父様が設計会社を始められた。紛争によって国を追われる、という経験のない私たちには想像ができないけれど、国を出たときにドバイを選んだことが、その後の運命を分けるカギだったよね。

そしてアメリカに留学、そこで今のご主人と出会う。ご主人はエジプト出身。

L「ドバイは女性に対してとってもencouragingな国で、政府機関などの重要ポストにも女性がたくさんいるのよ。ドバイでビジネスをするときに、女性であることの不利を感じたことは一度もないわ。『女性だから〜〜』という考え方がないし、とても自由で透明感があるの」

それから、働いている人たちのサービス精神が素晴らしい、ということが、ここでも話題になった。

たとえば、(これはFさんの体験だけど)役所でビザの交換をする間にもお茶が出てきたり、困ったときにも融通が利いて優しく、他国にはないホスピタリティをいつも感じるという。日本のお役所の融通の利かなさは笑えるほどだから、それはいいねえと思う。Fさんいわく、公のパブリックの機関が、プライベートな機関よりも親切なくらいに対応がいいらしい。

このドバイの発展を作った現在の首長のお父さん(ラシード・ビン・マクトゥーム)とその息子(現在の首長)のことを、ここでも家族が心から評価していた。

名君による独裁政治は幸せな国を作る、のモデルのようなものだ。ちょっとシンガポールと似てる気がする。

L「政府側から見たとき、もしたくさんの人にドバイの国籍を与えてしまったら、そうそう簡単に国外追放はできないじゃない？　でも外国人であれば、万が一のときには国外追放ができるわよね。中東諸国でこれほど外国人を受け入れて働かせてくれる国はない……だから海外の人たちはこの国に留まりたいし、そのためにも国のルールはきちんと守るのよ」

海外とローカルと両方が恩恵を受けることのできる仕組み、でもローカルの権利が侵されることのない仕組み……聞けば聞くほど「よくできているな」と思う。ところで……この「レバノン料理」というのはとってもポソポソしている。お水が欲しい。代わりに、さっきからシャンパンを何杯も飲んでいるから、少し酔っぱらってきた。

私の本の話になった。本に書いている考え方について、「100％絶対にその通り」、だと言っている。

「人にしたことは全部自分に返ってくるし、自分の意識の通りに物事が動いていくという法則は100％機能しているわ」

と特にお嬢さんが力説。

L「この子はいつもその考え方で生きているのよ。たとえば、駐車場で空いているスペースを見つけなくちゃいけないときも、大丈夫、必ず空いているところがあるわ、と言っていると必ずスペースが見つかるの（笑）」

帆「え？ もしかして、私の本、読んでませんか？（笑）」

と笑ったけれど、やっぱりね、という感じ。

L「日本人って、全体的に暗い考え方が好き？ という印象があるの。物語や映画でも、いつも病気とかつらい状況から立ち上がるようなものが多い気がする。『おしん』とか」

だって（笑）。『おしん』ねぇ（笑）。

帆「昔の日本人は、苦しい中から努力して立ち上がるという成功物語が好きだったし、そこに美学を感じる人も多いんです。だから逆に言うと、苦しい状況もなく成功した人のことを嫉妬の眼で見る人もいるんですよね、でも最近は違いますよ。どんどん柔軟になってきているし……」

L「それに、日本の女性はとても従順な印象があるけど……」

という質問に対して、編集長のKさんが

Ｋ「昔は男性が糧を得て家庭を支えるのが基本だったから、その形が成り立ったし、それが普通だったけど、今は女性が男性と同じかそれ以上の糧を得る場合も多いから、これまでのバランスが崩れてきているんですよね。それなのに、『家庭のことは女性がやるもの』という考えがいまだに根強いから、女性の方が忙しいのに家事も女性がやっているという変な形もまだまだ多いんです」

と言ったら、

「same same（笑）」

とＬａｍａさんが言ってた。

まあ、日本のそれとはだいぶ違うだろうけど……（笑）。

それから「日本は細部に意識を払う」という話になった。

帆「そうなんです！　だからインテリアにしても、ひとつひとつをアップで見たら凝っているんだけど、全体のバランスというか、マッチングは下手な人が多いと思う」

Ｆ「お金があることとセンスは別ものだからね～」

建築家のＦさんから見ても、「東京はコンクリートのジャングル」と言っているし、Ｌａｍａさんも「東京は大好きだけど、美しい街だとは思えない」と言っている。

そんな話をしながら、たっぷりとレバノン料理をいただき、素晴らしい室内の調度品や、世界を旅行して集めた素敵なモノを見せてもらった。日本のものや韓国、中国、モロッコや中東の国のモノもたくさんある。

壁にかかっている、アラビア語で書かれたカリグラフィーがなかなかいい。こういうの、うちにも飾りたいな。

いい時間だった。こんな場所にヴィラ、欲しいな、とか思う。


あらゆる国の人の言葉が飛び交い、イスラム教のベールをつけている人たちのそばで楽しそうにお酒を飲んでいる白人がいて、だからと言って白人優勢の社会でもない。建物はどれもケタ違いに大きく、高く、みんなが豊かで発想もダイナミック……それがその国のエネルギーとして自然と伝わってくるのか、ドバイにいるだけで、いつのまにか考え方が大きくなり、「私も自由に好きなことをやろう（人生は楽しい♪）」という気持ちになるのです（笑）。安直ですが、それがその国に流れているエネルギーの質なのでしょう。

2章に書いた「人から受けるエネルギー」を国単位で感じれば、影響を受けないわけがありません。
「え？ 実はドバイって、国境のない、未来の理想都市なのでは？」
と思ってしまった瞬間でした。

未来の理想都市を彷彿とさせるものは、現実的にもありました。アブダビ空港の近くにある、世界初の未来型環境都市「マスダールシティ」です。（2020年から数年で完成予定。）

残念ながら中に入ることはできませんでしたが、敷地内には「国際再生可能エネルギー機関」という機関があり、太陽光や風力などの再生エネルギー100%で、市内の電力すべてをまかなう取り組みが行われています。

CO2ゼロを目指し、ガソリン車の乗り入れも禁止され、日本のトヨタもここで電気自動車の実験をしていると言います。

また、完全無農薬の健康的な作物を育てている農場もあるとのこと……ネット上で見た画像と私のイメージを合わせると、個性的な建物（決して高層ビルではない）が並ぶ都市の中を、電気自動車が静かに走りまわり、病気や害虫などはなく、科学技術が人間の知性や文化を助けるように機能していて、完璧にエネルギーの循環が成り立っている「国境のない未来の理想国」なのです。

それは、私が夢で見て物語でも書いている理想の国であり、そういうものがいよいよ現実のものとして計画されていることに、ますますＵＡＥの素晴らしさを感じてしまったのでした。

✪ 神(宇宙)に質問をすれば、答えが来る ―― イスラム教の聖職者との出逢い

ドバイ滞在数日が過ぎ、様々な場面で「Think Big!」を感じていた私が、さらに考え方の枠を外すきっかけになったのは、イスラム教の聖職者「アルシャッド・カーン」氏との対談でした。

私も他の多くの日本人と同じく(?)、「イスラム教」と言えば、「アッラーとコーランと断食」というような、学校で習う程度の知識しかありませんでした。16年間キリスト教の学校に通っていたので、キリスト教とイスラム教とユダヤ教の共通の聖地が

イスラエルのエルサレムにあることは知っていましたが、それぞれの関わりや歴史はわからず……我が家には神道の神棚もお仏壇もあり、お墓は仏教、クリスマスにはキリスト教という典型的な日本人家庭で、現在も過去も特定の宗教に属したことは一度もありません。

イスラム教の聖職者「アルシャッド・カーン」氏の家（オフィス?）は、「オールドバイ」の様子が残っているシンダガ地区にありました。50年代には、王様が住んでいたというエリアです。念のため、事前の指示通りに、顔以外のあらゆる肌の露出を控え、頭に黒のベールを巻きました。

アラビアらしい石造りの建物に入ると、まず中央に広い中庭がありました。前方の壇上に向かって長椅子が並び、ひざまずいてお祈りができるようにカーペットも敷いてあります。それを見下ろすように、2階にグルリとついている回廊には、聖職者たちが仕事をする部屋があり、「アルシャッド・カーン」氏も、その中のひとつで仕事をされていました。

室内は、これもアラビアらしい内装で居心地良く整えられていて、外のギラギラした太陽が遮られ、エアコンがよく効いています。

「アルシャッド・カーン」氏は、50代くらい？　背はそれほど高くなく、敬虔なイスラム教徒の印とされている長いあごひげを生やした親しみやすい印象です。
ソファ席に座ると、アラビアコーヒーがふるまわれました。イスラム文化では左手は不浄の手なので、物を受け取るときは常に右手です。コーヒーはとても薄く、おちょこのような入れ物でほんの数口で飲み終わります。飲み終わった頃に次の一杯が注がれますが、「もう充分」というときにはおちょこを左右に振らないと、「いつまでも次の一杯が注がれ続けるので要注意」でした。

（当時の日記から）

「イスラム教の教えで一番大事なことはなんですか？」と尋ねたら、
A「イスラム教の『5つの柱』のひとつでもある、『信仰告白』です」
と言われる。コーランのはじめに書かれていて、毎日の礼拝でも唱える言葉、即ち「アッラー以外に神はなし、預言者ムハンマドは神の御使いである。」という言葉がすべての基礎であり、最も大事なことらしい。
帆「祈っているときには、なにを心に思っているんですか？」

A「祈るにはふたつのタイプがある、ひとつは『ドゥアー』と言われる神への呼びかけ。この世に創造物があるのは創造主がいるからであり、そこに問いかけるということが大事なんです。それはどんな国の言葉でもいいし、心の中で話しかけるだけでもいい。そこへの強い信頼と呼びかけがあると、神は必ず答えてくれます。コーランの中にも、『私を呼びなさい、そうすれば私は答えるだろう』とあります」

うん、よくわかる。つまり、アッラー（神、宇宙、上）へ呼びかければ必ず答えてくれるし、呼びかけた人に応じた答えをくれるということだろう。

神様に本気で話しかけている人と、そうではない人への恩恵に違いがあるのは当然のこと、宇宙はその人の姿勢に反応するからね。

A「二つ目の祈りは、アッラーによって決められた形で一日5回祈る、ということです。顔を聖地のメッカ（カーバ神殿がある方）へ向けます。カーバ神殿は、世界ではじめてモスクでの祈りをささげたところです。この建物の中に入れば神はいたるところにいますが、外の人たちはここに向かって円を描くように並びます。そしてコーランのはじめの言葉を唱えます。もちろん、遠く離れた場所から祈る場合は、少々方向が違ってもまったく問題ありません。大事なのはunity（団結、結束感）だからです。祈る時間もできるだけ正確な時間を守ったほうがいいけれど、別にその時間がずれたからといって問題はありません。ベストをつくすことが大事なんです」

正式な祈りはきちんと形が決まっていて、屈んだときに背中が伸びていた方がいいとか、こういう手のあげ方はNGだとかいろいろあったけど、それはここでは割愛。大事なことは、鼻、両手、両膝、両足の7点を地面につけることだそう。

この形を毎日繰り返しているので、アルシャッドさんをはじめ、たいていのイスラム聖職者は、床におでこをこすりつけるときにできるアザがあるという。「ボクのアザは♥の形（笑）」と、ターバンを外しておでこを見せてくれた。

最後に、「終わりの言葉」を唱えて祈りは終わる。祈りの間は神に意識を集中させて、神がそこにいるということを感じること。たとえそれを感じられなくても、神様はいつも自分を見守っている、ということを知ることが大事だと言う。

次に、日本の神道、八百万の神の考え方について聞いてみたくて、

「不躾な質問をしてもいいでしょうか？」

と前置きをしたら、

「この世に不躾な質問など、存在しないんだよ!?」
と言われた。
A「人は、たとえば『この世はどうなっているのだろう?』『どうすれば幸せになれるのだろう』と問うこと(質問すること)で成長していく。神になにかを問うからこそ、日常のあらゆるものを通して神が答えを返してくれる。だから、失礼な質問なんて、ないんですよ」

感動した。何事も、そこに「問い」あり! 宇宙からメッセージが来るのも、直感として答えが来るのも、はじめにその人自身の質問があるからだ。「~~になるために、今の私に必要なことを教えてください」とか「~~するためにはどうすればいいか教えてください」という質問があってこそ、答えがやってくる……それとまったく同じ。

一神教のイスラム教に「八百万の神」に関する質問をしても大丈夫? と少しドキドキしていたけど、イスラム教への壁がかなりなくなった瞬間だった。

帆「日本の『神道』の教えでは、八百万の神と言って、すべてのものにそれぞれ神が宿っていて、神と人間と自然が三位一体として本質的に同じレベルで存在している、という考え方があります。イスラムでのその三者の関係性について教えてください」

A「アッラーはすべての創始者。もちろん、木も花も石でさえ、感じることができるし生命を持っている。自然はこの世の生のサイクルの中でなくてはならないもの、でもそれを創っているのもアッラー。宇宙も人間もすべての創造主がアッラー」

うん、アッラーというのはすべての大元なんだよね。

多分、日本の神道で言われる「八百万の神」も、それらのもっと上に、全体を統治する光のような神があり、アッラーはそれを指しているのだろう。八百万の神様にも、位（くらい）はあるから。

A「あなたが飲む水も、口に入れる食べ物も、人間の生命を持続させるために神が私たちに与えてくれているものです。どんな行動でも、神を思ってそれをするなら、それは神への礼拝なんですよ」

神道でも、神を思ってするすべての行動には神が宿るとされている。伊勢神宮の神事でも、神様に食事を作ること、木を育てること、刈ること、畑を耕すことなど、人の作業のすべてが神に通じる作業とされているのだ。

なに？　イスラム教ってこういう宗教なの？　すごい目から鱗!!

☆低次元のものから身を守る「シールド（盾）」を作る――「断食」の目的

次に、もうすぐやって来るラマダンの断食の意味について聞いてみた。

「ラマダン」は、はじめに話に出たイスラム教の「五つの柱」の四つ目らしい。すなわち一つ目は「信仰告白」、二つ目は「1日5回の礼拝」、三つ目は「喜捨（ザカー）」、四つ目が「断食」で、五つ目が「一生に一度のメッカ巡礼」となる。

喜捨は、一年に一回、モノを与えることによって自分自身を清める行為。自分の貯蓄額の2・5％を貧しい人のために分け与えるとされているらしい。これがすべての社会で行われれば、すべての経済的問題を解決できるし、貧しいものも富むものもいなくなるという。

「ラマダン」はヒジュラ暦の9番目の月、という意味で、イスラム教徒はこの期間の夜明けから日没まで断食、すべての飲み物や食べ物を断つという。もちろん妊娠中や病気の人などは別だし、旅行などが重なって、その時期ぴったりに断食ができなくてもいいけれど、その場合は次のラマダンまでにその分を消化して補っておくことがルールとなっている。と言っても、日が沈んだら食べてもいいので、逆にこの時期は一度に大量のものを食べるために太る人も多いと言う。

断食をすると神経が休まり、感性が敏感になるので、瞑想をするときにパワーを得ることができたり、怒りなどの感情を抑制できたりするという。たしかに私たちもプチ断食をするだけで味覚が敏感になるし、すべてのことに感性が鋭敏になる。この効果を期待して、宗教的な修行に断食が使われていることもあるしね。

自分の存在感を感じられるようになったり、意識が覚醒したり、怠ける気持ちがなくなったり、という効果もあるらしい。

A「断食をするのは体に良くないと思われるかもしれないけれど、むしろ、内臓の働きをおさえて体を充分に休めるという意味があり、たとえば預言者ムハンマドなどは、いつも断食の午後には昼寝をしていたんですよ。この昼寝が、残りの一日をパワフルに持続させる秘訣なんです」

じゃあ、私が午後、たまにお昼寝するのはすごくいいってことだ。昼寝の後は、いいことがたくさん浮かぶし、その後の仕事もぐんぐん進むしね。

A「ラマダンの断食を経験すると、普段よりリラックスして落ち着き、精神的なものが高まるのです。ラマダン期間はゆっくりソフトに話すので、悪い言葉は使わないし、口論もしない。もし相手と争いたくなるようなことがあっても、『I'm fasting（断食中です）』と言えば、『口論はしたくない』ということになるんだよ。雑事に追われる普段の日常でも、断食のときと同じ感覚で進められればいい、と思います」

ゆっくりと話し、ゆっくり構えると、すべてのことが穏やかに、ひとつひとつをじっくり考えることができるし、まわりに起きているシンクロや直感にも気づきやすくなる。急いで進んでいると、実は人生に必要な気づきをわかりにくくさせていることがあるんだよね。

A「今話したことは、断食から得られる直接的なbenefitだけど、実はもっと大事なことが他にあるんだ。ラマダンをする一番の目的、それは、『神の存在を意識する』ということだよ。たとえば、今キミたちがここに入って来たときから、実はカメラが設置されていて、この場のすべては録音されていたんだ。（一同、ここでどよめく。）キミたちがなにを発言したか、どんな動作をしたかもすべて記録されていて……ああ録音されているというのは、たとえば、だよ!?（一同、ここで安心のため息。）たとえば録音されていて、それを後から再生されるとしたら、それぞれもっと良い行いをしようと思うでしょ？　神様はそれくらい見ている、ということなんだ。そして断食は、それを一番獲得できやすい方法になる。なぜなら、他の要素は「祈り」にしても「喜捨」にしても、他人がその行いを見ることができる。自分はこんなに神を思ってる、とそれを見せびらかすこともできる。でも断食だけは、裏で隠れてなにかを食べても誰もわからない。神様だけが見ている行為、神はいつでも見ている、ということなんだ。断食だけは他の人は関係なく、神と自分だけの関係の元に成り立つんだ。いつも神様に見られている、守られていると思って過ごすと、あなたを守るシールド（盾：shield）ができる。低次元のものからあなたを守り、高次元のものとつながることができるシールドを持つことが成功の秘訣なんだ」

なんだか、すごいじゃない‼

大事なことは、自分と神との関係だけ。低次元のあらゆるものから自分を守るためのシールド（盾）を作ることが成功の秘訣。その盾は、神にいつも守られていると意識することによって得られる。その神をイスラムの人たちはアッラーと呼ぶけど、大元の光と呼んでもいいし、宇宙と呼んでもいい。自分たちすべてを作った大元にいつも見られている（＝いつもつながっている）という感覚を感じると、人は強くなる！

すごいすごい！　これって、神道ともヒンズー教とも、そして私の本に書いてあることとも（笑）通じるし、結局どんな教えでも大元は同じことを言っている、ということだ。

日本に入って来ているイスラム教についての情報がどれだけ限られた一部のものなのか、ということを痛感する。こんなに柔軟な教えだったとは‼

✫イスラム教における「宇宙とつながる感覚」

「アルシャッド・カーン」氏が伝えようとしていた「自分と神との関係のみ、それを大事に生きる」という感覚は、私が日頃から感じているものと非常によく似ていました。

（当時の日記から）

アルシャッド氏が話されていた「他人の介入や、他人からどう見られるかは関係なく、自分と神との関係のみがすべて」という感覚も、よくわかる。

私の日常生活でも、たとえばまわりにあるモノや起こる出来事を通してサインがやって来ると、神様（宇宙）とつながっているような安心感が得られる。この安心感があると、すべてが高次元のなにかに導かれて良い方向へ進んでいることがわかるので、未来になにが起こるのだろうと不安なことはなくなるし、とても穏やかに落ち着いて目の前のことに進めるようになる。

そして他者との競争ではなく、自分の心（魂）が真に欲することへ動くようになり、その進む方向に高次元の「生きている意味」のようなものを感じ始める。そこには、他者からの評価だとか、世間からの基準というものはまったくなくて、まさに宇宙（神）と自分がつながっていることへの幸福感、みたいなものがあるだけだ。

私が日常で感じていたこの感覚こそ宗教、信仰心のようなものだよね。

そして、この感覚を感じている人は、私のまわりにもたくさんいる……ということは、ひとつの〇〇教に属さなくても、その感覚を味わうことはできるということ。もちろん、特定の宗教がそれを知るきっかけになった人はそれでもよく、みんながそれぞれの方法でそこへ到達していけばいいのだと思う。

イスラム教の2番目の柱に「一日に5回の祈り」があるのは、その度に神とつながっている感覚を思い出し、再確認する、という意味があるのかもしれない。私も、今書いたような「いい状態」を感じることはあっても、日によって違ったり、些末な日常の出来事にまぎれてその感覚を忘れてしまいそうになったりするときも、もちろんある。そういうときに、自然の緑に浸ったり、ゆっくりリラックスした時間をとると、また気持ちのいい感覚が戻って来るのだけど、あまりに忙しかったり人間的なものに侵され過ぎていると、いい状態に戻るまでに時間がかかる。もし、一日に5回も祈りのときがあれば、そのたびにそのブレが調整され、戻って来ることができるのだろう……すごい仕組みだな。

いろいろ、本当に驚いた。これまで抱いていたイスラム教への偏見が崩れていく。

対談の後、同じ部屋にいたもうひとりの聖職者が、私たちの名前の「音」からイメージした「カリグラフィー」を描いてくださった。カリグラフィーとは、アラビア文字や象形文字などを美しく見せる、中東に伝わる技法だ。

なんと、私の名前をイメージしたカリグラフィーは、縦から読むと、平仮名の「ほこ」になっていた！　すごい！　だって、私の名前の音だけでイメージしたのだし、名刺にも平仮名は書いてないのだから……。

「It's a sign!（神様からのサインだね）」

とアルシャッド氏はニッコリ笑ってた。

イスラム教でも、こういうことを「サイン」と言うのか!!　と興奮した私は、まわりのあらゆるものから伝わってくる「サイン」の感覚を話した。「もしかして、私の本、読んだでしょ？（笑）」と言うのはさすがにやめといた……。

✪やっぱり！ すべての宗教の根底は同じことを伝えている

「人は問いを持つことで成長する。あなたが神に質問したことの答えが、日常のあらゆるものを通してやって来る。質問する先（すべての想像主）を私は『アッラー』と呼ぶが、あなたが『宇宙』と呼んでも問題は無い」

という言葉を聞き、私はインタビューのはじめからイスラム教への偏見がかなり薄らいだのです。

イスラム教の基礎となっている「アッラー以外に神はなし」という表現も、そこだけ聞くと、他に神を認めない厳しい一神教と思いますが「アッラー」という言葉の捉え方によって、印象が変わります。

この聖職者の言葉通り、「アッラー」の感覚を私が「宇宙」と呼んでも構わないのだとしたら、アッラーはすべてのものを作った創造主（大元）のことであり、それを「光」と呼ぼうと「大いなる意志」「宇宙の叡智」と呼ぼうと自由です。ただ、「それ以外のもの」を信仰してはならない……つまり神の名を装った偽物や、偶像や、まして「我は神である」というような「人」を拝んではならない、ということだと捉えると、「アッラー以外に神はなし」にも納得できます。

実は私たちの中にも、神（宇宙）と同じエネルギーの一部が流れているので、「我は神」という表現もある意味では間違っていないと思います。ですが、神のレベルのエネルギーと私たちのエネルギーは、要素は同じでも全体は違う……たとえば海は水の一滴から成っているので、海と一滴には同じエネルギーが流れていますが、かと言って「海＝一滴」ではない、ということと似ていると思います。

また、神が宿っていると思う「対象」を拝む偶像崇拝も、「形」があることで信仰の気持ちを持ちやすい人はそれでいいですが、信仰しているのはそのモノではなく、そこに宿っている聖なるエネルギー（神）である、ということだと思います。

……というようなことをあれこれ話していたところ、

「こうして神様のことをみんなで語ったりすること自体を神は喜んでいるし、これがすでに礼拝の一部なんです……」

と言われ、またまた感心のため息だったのです。

小学校のときの聖書の先生が似たようなことを言っていたなあと思い出し、宗教というのは、どんなものでもその根底は共通しているし、一部一部は真実を伝えている、でもそれが伝わる国の風土や文化や生活習慣によって表現が変わったり、強調する側面が違ったり……、そして人間によってルール化された途端に、「本当に大事な部分」が曲がっていってしまう、ということを痛感しました。

✩ここにはどんな情報が？ ――ロイヤルファミリーとの出逢い

滞在中に、ドバイのロイヤルファミリーのお宅にディナーに招かれる機会に恵まれました。

このファミリーと仲の良い現地コーディネーターさんに言わせても、これは非常に珍しいことだそうで、「自宅に招かれるなんて、浅見さんが初めてです」とのこと。

イスラム教の女性にとっては、家族以外の男性の前でヴェールをとることは生涯ないために、自宅に招かれても男性と女性はそれぞれの部屋に分かれます。（女性だけになって初めてヴェールをとることができるからです。）

そのため、私たちもすっかりそのつもり……つまり、私たちは奥様の方に招待されて、中東の女性が誰かの家に集まってよく開く「女子会」のようなものに、他の女性たちと一緒に招かれたのだろう、というくらいの感覚で向かったところ、なんと、ご主人の実家にロイヤルファミリーの身内だけが集まった、完全にプライベートなディナーに招かれていたのでした。

今思い出しても、なぜ私たちが招かれたのかわからないことだらけ、……「縁があった」としか言いようがありません。

始まりは、ロイヤルファミリーのご夫妻が経営している現地のパン屋さん（「YAMANOTE」）を取材したときのことでした。

「YAMANOTE」は、日本が大好きなこのご夫妻（特に奥様）が、日本のパンの種類の豊富さ、味の良さ、品質の安全性などに惚れ込み、材料はもちろん日本人のパン職人までドバイに引き抜いて始めた、ドバイ発の日本のパン屋さんです。

これまでのドバイのパンは、味も見た目も数種類で、「お腹を満たすためだけ」にあるものだったそうですが、YAMANOTEにはクロワッサンやデニッシュ、メロンパンやアンパン、トトロのパンまで並んでいます。

価格は高めですが、地元の人たちに大人気の新しいスタイルのパン屋さん……ところが、そんな魅力的なお店にいながら、私がなによりも惹き込まれたのは、そのご夫妻（特に奥様）の「顔」だったのです（笑）。

お二人が店に入っていらした瞬間、私は奥様の顔に吸いつけられたように見入ってしまいました。それは、「美人だから、チャーミングだから」という次元の話とはまた違う、異常に懐かしいような感覚だったのです。

もちろん、アラブの人たち特有の背の高さ、顔の小ささ、彫りの深さで、綺麗なのはもちろんなのですが、「美人」という基準であれば、他にもたくさんいることでしょう。（滞在中に取材した女性たちの中にも、第一印象が「ザ・美人！」という人はいたものです。）それとは違う、とにかく目が離せなくていつまでも見ていたいほど好きな顔だったのです。

（当時の日記から）

この奥様（20代？）が入ってきたときには目を奪われた。品のいい小さな顔立ち、とても自然な佇まいで、落ち着いた態度の中にあるかわいらしさ。完璧に私好み！

ニコニコと穏やかに笑いながら、ご主人のそばに寄りそっている。

そしてこのご主人が、まあ、誰が見ても品のいい穏やかで優しそうな豊かな物腰だった。

海外旅行は頻繁にしている一族だけど、中でも日本が好きだという。

なぜ日本のモノの中でパンを選んだのかを聞いてみると、ドバイのパンは、スーパーで売られているものでも数種類しかなく、味もただの「パン」で、かわいらしさもなければ工夫もない、とのこと、そして日本の材料や品質の良さ、日本的な繊細なパッケージなど、すべてに惚れたため、らしい。はじめは日本の原材料を輸入するのが難しかったけど、今はできるようになったという。

このかわいい奥様、「これ美味しいな、かわいいなあ、私の国にも入れたいなあ」という気持ちだけで引っ張ってきたような財閥のにおいを感じる（笑）……けど、仕事を始めるときって、それがすべての基本だよね。つまり、そのモノに惚れ込む、ということ。

この「山の手」というネーミングも、奥様が日本でこの言葉の意味を知り、直感でつけたという。フフ、いいセンス。

「世界を幸せにするにはなにをしたらいいと思いますか？」という質問に、奥様は「ひとりひとりが欲深くならないこと」と答え、ご主人は「美味しいパンを売ること」と答えた。

いいね〜！！！　世界を幸せにするには、結局、今目の前にある自分にできることを精一杯することだと、私も思う。そしてひとりひとりが欲深くならないようにすること。もちろん、自分に必要な富、その人にとってのスタンダードな富というのは人それぞれ違う。でも、これまでの自分にないような富を得たとき、または新しい富を得るような動きをしたときに、全体の幸せを考えた動きがなによりも大事。大事というか、その活動が、結局その人自身も幸せにする。

そのほか、私がこのカップルと話して印象に残ったのは、「子供たちの教育に一番大事なことはなんですか？」という質問に対して「いつも正直に（be honest）、一生懸命誠実に働き（be hardworker）、常にロイヤルとしての動きを自負すること（be Royal）」と答えたこと。

そして、「子供たちがあなたたちの望む方向ではない進路に進もうとしたらどうする？」という質問には、「子供たちがそれを本気でしたいと思うなら、すればいい。それをしたいと思って、そこに真剣に向かえば、なんでもできる」と答えたことだった。

今日のキーワードはこれだな。なんでもできる！　このあいだFさんが、この砂漠の町が数十年で摩天楼になった流れを説明していたときに、ふと「やればできるんですよね！」とつぶやいた言葉も妙に心に残っている。

そこに意識を向けて進んで行けば、必ず具現化する、ということ。それを心から信じて実践している人の言葉は、多くを説明しなくても、とっても伝わるなあ。

最後に、「今ふたりで一緒にすることで、一番楽しいことはなんですか？」と聞いたら、奥様がニコニコしながら「to love ♥」と言ったことも印象的。そういうことを言いそうにない感じだったから、そのギャップに。それをまたご主人がニコニコして眺めながら、「一緒に旅行すること」と言っていた。

とにかく、ふたりがとても自然で仲良く暮らしていることがその佇まいから伝わって来て、顔の「相」からしても、本当に上流のベストカップルだと思った。

さて、その奥様の顔に見とれながらインタビューが終わったとき、突然ご主人に言われたのだった。

「私たちの家に、ディナーにいらっしゃいませんか？」

驚いた。顔にどうしようもなく惹かれる（好き）、という感覚にも、やはりなにかしらの意味があるのだろう、と思う。……というか、そう考えないと、つじつまが合わない。

（中略）

さて、今日の夜はロイヤルファミリーのお宅にディナーに招かれている。

きのう、ドバイモールで見つけた白のドレスを着ようっと。

郊外の高級住宅地に着いた。

ここは、スヘールさん（ご主人）のお母様のお宅、つまり、実家らしい。

想像通りのお屋敷に召使いたち、ご主人のスヘールさんはもちろん、スヘールさんのお母様や妹さん、奥様のハムダさんのお父様、叔父様、そしてかわいい子供たち……ここまでプライベートな自宅に招待してくれるとは……女性は女性だけだと思っていたし、他にもたくさん人がいると思っていたので、ただただ驚く。

玄関横の広いサロンで、アラビアコーヒーと、今朝獲れたという新鮮なデーツをいただいた。

イスラム文化の家では、お茶はご主人が淹れるという……なんだか意外。ハムダさんは、きれいな砂糖菓子がぎっしり並んだ銀のお盆を持って、私たちにお菓子を勧めてくれた。

子供たちは両親と同じように彫りが深く、クルクルの髪の毛がとてもかわいい。その子供たちに穏やかに話しかけるハムダさん……先日の全身真っ黒な「アバヤ」ではなく、民族調のゆったりした素晴らしくエレガントな室内着に「ヴァン クリーフ&アーペル」の大きなペンダントをさげている。

「全身を隠す魅力」ってあるねえ。ハムダさんのこの上品な美貌は、一生、身内とご主人様の前でしか現れない。「大好きなあなたのためだけに、この身を捧げる」というような、なんともエロチックなものを感じるのだ。ご主人のスヘールさんも相変わらず穏やかで、寛容な微笑みをたたえている。

ダイニングルームに移動した。メイン料理はヤギの丸焼きだった。おもてなし料理としては最上級らしく、お皿のフタをあけるとヤギの顔がこちらを向いている……恐い。

お皿にかぶせてあったガラスの蓋(洋ナシの形)が最高に私好み!! 先っぽに紫色のタッセルがついている。

ハムダさんのお父様は、これまた素晴らしく上品な、日本人にいそうな顔立ちだった。ちょっと、津川雅彦に似ている。

叔父様にあたる人は敬虔なイスラム教徒らしく、私がちょっと宗教的な話に触れたら、ものすごく反応してきたので、宗教の話には触れないようにした。

ファミリー全員が、本当に日本が好きなことがよくわかった。食事の後に帰って来たスヘールさんのお姉さんも、日本のお店やお菓子の情報など、とてもよく知っていた。

そして全員が、日本人のホスピタリティに感心しきっていた。とにかく「人がいい」と言う。

ハムダさんが「イスラム教の戒律で教えられていることは、日本人が普通にやっていることよ」と言われたときはジーンとしてしまった。つまり、朝早く起きて神様に感謝し、家の中をきれいに整えて、人に礼儀正しく振る舞い、誠実と思いやりで物事に接する、ということ……日本人がこんなに素晴らしく評価されていることが嬉しい。

お腹いっぱいお料理をいただき、またリビングで楽しく話をして、最後にお土産をいただいた。私への包みを開けてみると、ゴールドでできたヨットが出てきた。

それはなんと、私がそのとき首からさげていたペンダントと同じモチーフ！まるでセットのよう……そして、私の名前が船の「帆」を表すことを伝えると、さらに驚いていた。

なんだか不思議な気持ちで家を出る。こういうのこそ、縁だと思う。


実は、このゴールドの船とペンダントの一致は、私にしてみると、もうひとつ面白い流れがありました。

ロイヤルファミリーのご自宅にうかがう前の夜、私は日本の友達にライン（LINE）を送り、翌日にあるディナーのことを報告したのです。すると、

「そのディナーの席にね、帆帆ちゃんのアミリのペンダントをつけて行ってね」

とひとりから連絡がありました。（アミリは私がデザインしているジュエリーのブランドです。）彼女は、スピリチュアルな能力の高い人なので、私は言われるままに、アミリのゴールドの船のペンダントをつけて行ったのです。そうしたら、それとまったく同じゴールドの船をもらうという……。

こういうことって……なんなのだろう……聖職者の「アルシャッド・カーン」氏が、「It's sign」と言ったように、たしかになにかのサインなのだろうと思います。

これまでの私の本で、理由はわからないけれど「それが好き、惹かれる」という感覚は、そこに必ず意味がある、ということをたびたび書いてきました。

その人の前世でそこに関係ある動きをしていたから、という場合もあれば、前世からの特別の思い出があるからそう感じる、という場合もあります。その謎解きが合っているかどうかよりも、他のモノや人には感じないのに、なぜかそれだけにそう感じる、という感覚を無視しないことが大切なのです。

これが、どのような流れになるのかは謎ですが、これまでに「○○を身につけて行ってね」と言われたことは一度もないことを思うと、どんなご縁があるのだろうと考えるだけでワクワクしてきます。

✩これも共通！　直感の通りに生きればうまくいく

滞在中にお目にかかったすべての人に共通していたのは、「自分の本音の感覚（直感）の通りに動く、生きている」ということ、そして、「自分の考えや思いが現実になる（だからポジティブシンキングは当たり前）」という考え方でした。

アブダビ在住のアーティストで、２０１４年に「Most Powerful Arab Woman」として『FORBES』の表紙を飾ったAzza Al Qubaisiさんは、「私の成功は、とにかくポジティブシンキングだったことにあると思う」と話しています。

（当時の日記から）

A「私は今37歳だけれど、いつも24歳のときと同じように考えようと思っているの。つまりあのときは、自分がうまくいくということだけを見ていたし、うまくいかないなんてことは考えたこともなかった。子供と同じ。子供のエネルギーはいつもポジティブで、〇〇がうまくいかなかったらどうしよう、なんて考えもしないけれど、大人になってハードワークになると、急にネガティブなことを考え始めるようになると思うし、ほとんどの人はネガティブなものに集中していると思う」

帆「それを考えていたら、それが来ますよね」

A「そうなの。よく、どうすれば成功するんですか？ というようなことを聞かれるんだけど、私はどうすれば（HOW）を知る必要はないと思う。ただ、ゴールのそうなっている自分が見えているだけで（それを知っているという感覚ね）、そこに注目していると、「事」が起こるのよ」

帆「よくわかります。そこにつながる物事が日常生活に起こって来るんですよね」

A「そうなの。たとえば私は『お金を稼ぎたい』と『アーティストになりたい』というふたつの思いだけがあって、ゴールのヴィジョンを見ていた……そしたら途中から、プロデュースという方法がやって来て、プロデュースをしながらデザインをしているうちに自分のプロダクションのラインが少しずつできてきたの。その方法は、そのときの自分の心にはなかったもので、外からやって来たのよね。すべてが集まって来る」

このときのＡｚｚａさんの「All come together」という表現が妙にしっくりと来た。それはつまり、自分がワクワクするヴィジョンを見て、そこに集中していると、いつの間にかそこにアンテナを張っていることになるので、自分のまわりにある日常のあらゆるものを通してサインが来る、偶然と思えるひとつひとつがすべて一緒に集まって、自分のゴールに近づいていく、という感じだろう。

A「それらのものに心を開くと、正しいものがやって来るのよね」

正しいものとは、「こうあるべき」という正しさではなく、自分のビジョンにつながるために必要なこと、必要な道、という意味の「正しさ」だ。

夢や思いが実現する最後のところだけを思ってワクワクしていれば、途中の方法は考えなくていい（ベストタイミングで出てくるから）……これは、私が24歳のときから本に書いていることであり、またＡｚｚａさんも、ご自身が24歳のときの考え方をベースにしているようなので（そして現在もひとつ違いなので）、同じような経緯で納得し合って話すことができた。

さらに印象的だったことは、方法にとらわれず、自分のやり方で宇宙につながっているという感覚。

Ａ「今、世の中にたくさんの学校、たとえばエネルギーとか、メディテーションとか、コネクションとか、そういう方法を教える学校があるけれど（もちろんそのひとつひとつの方法も正しいと思うけれど）、私は自分のデザインをするだけで神秘なものとつながっているし、誰でも目の前のことを通して、つまり自分の人生を生きるだけでつながれると思う。そして、自由に考えることができる independent な存在であること。誰かの考え方に縛られないこと。それが私の場合は重要だった……」

自分は自分が居心地良く思うやり方でいい、そして、どんなに方法（テクニック）を習っても、自分の生活で実践することが一番大事という……Ａｚｚａさんとの会話は、まるで私の本をなぞっているかのような流れで進み、アートやジュエリーのデザインの話になってもまたいつの間にかそこに戻って来るという、とても刺激的な時間だった。

そして、ポジティブシンキングと直感を頼りに進むことに加えて、よく耳にしたのは、「大事なのはとにかく『人』だ」ということ。たとえば、どんなにビジネスとして成立することであっても、相手の「人柄」に違和感があったら、プライベートでもビジネスでもお付き合いはしない、と全員がはっきり断言していたことです。「自分が本当に好きな人と付き合い、自分の感覚で違う人からはしっかりと自分を守る」ということは、当たり前のことなのです。

それがぶれてしまい、ちょっとした欲で本音ではない付き合いを続けるから、本筋ではない余計なトラブルが起こるのです。本当のセレブは、自分を大事にするからこそ、それを徹底しています。

Royce' チョコレートをドバイに紹介し、現地のＣＥＯでもあるMs. Haya Bin

Mutlaqさんも、気持ちがいいほどこの基準をはっきりと口にしていました。

（当時の日記から）

今日はロイズチョコレートのドバイCEO、Ｈａｙａさんと会う日。きのうから世界で唯一の七つ星ホテル「ブルジュ・アル・アラブ」に滞在している。全室スイートルームのオーシャンビュー、２階建てであまりに広いので、インタビューは私の部屋でお願いすることにした。ここのほうが、お互いに落ち着くし。

Ｈａｙａさんは、黒いアバヤの上に黒のサングラスをかけ、黒のバーキンを持ってホテルのロビーに登場した。ものすごくよく似合ってる。

そもそも「バーキン」というのはカジュアルバッグなので、こんなふうに、仕事のときに雑に持つのが自然であり、本来の姿だよね……とか思う。

Ｈａｙａさんも、先日のロイヤルファミリー「マクトゥーム家」の人たちと親戚だ。この国は完全なるお見合い結婚なので、ロイヤルと財閥はますます親戚関係を強めていくみたい。でも、安心と言えば安心……すでにお付き合いがあって信用のある家からお嫁さんが来たほうが、お互いの家族にとっていいに決まってる。

Ｈａｙａさんは、ビジネス経営で学士をとった後、５年ほど『ドバイＴＶ』でビジネスニュースを担当し、テレビ局を辞めてから国際ビジネス学のマスターをとる。その後、ビジネスの分野には戻りたくなくて教育の分野に進み、自分が卒業した大学で7年間、国際ビジネスを教えてきた。

そんなときに、日本が大好きなお兄さんが、ロイズチョコをお土産として持ち帰ってきたという。その「生チョコ」という食感は、ヨーロッパを含め、他のどの国でもそれまで味わったことのない、「ものすごい美味しさ」だったらしい。味、食感、すべてにおいて新しく、そして日本の製品が、原材料に気を使い、できるだけローカロリーに仕上げているという完璧にコントロールされた安全基準を持っていることも大きな魅力だったという。彼女は、自分の国と社会への還元のためにも、このロイズチョコにアプローチすることを決めたらしい。

でも当時、ロイズチョコは中東に進出することを考えていなかったという。何年間もアプローチをし続けたけれど、一年に一回、半年に一回、メールのやりとりがある程度、日本は非常に保守的という印象を持ったという。

最終的に彼らが中東にやって来たときには、Ｈａｙａさん以外の数社がアプローチしていたようだけど、そのすべてにロイズ側が会い、最終的に彼女が選ばれた。それが２０１２年のこと。

「日本とビジネスをするときに大事なこと、日本人に対してどんな印象を持っているか」について聞いてみると、ビジネスだけに限らず、日本を訪れるときにいつも感じることは日本人への「similarity（親近感）」だという。

嬉しいね。日本にいるとすごく居心地が良く、その感覚はヨーロッパのどこに旅行しても感じられないことらしい。

特に日本人の「人への接し方」は、イスラムが人に対して接するときのやり方と同じらしい。他者を尊敬するし、ひとつのことを「良い、悪い」と簡単に判断しない。

H「たとえば、この真っ黒なアバヤを着て北海道に行ったとき、多分彼らにとっては非常に珍しい外見でしょ？　それなのに、私のことをすごく歓迎してくれたの。でも別の国に行くとね、イスラムの恰好をしているだけで、みんなが疑惑を持ったような目つきで見てくることが多いのよ」

帆「でも……それって、ちょっと斜めの見方をすれば、多分、Ｈａｙａさんの身元がわかっているからで、今回の取引先だから、ということもあると思うし、日本人のそういう曖昧な態度は、裏を返すと、自分の意見をはっきり言うことができないという特徴になったりもしている。または、相手のことをよく知らないから（＝勉強不足なので）、フニャフニャ笑うしかない、ということもあると思うなあ」

と言うと、それでも、そこに行くまでの入り口として、日本人は全体的にみんな礼儀正しく、外国人に対してとても親切、という姿勢はやはり尊敬すべきもので、とても親しみやすく居心地が良いらしい。

たしかに、それはそう。

たとえば、今の私は、ドバイの人たちへの壁がほとんどない。ヨーロッパやニューヨークにいるときのような「どんなに言葉がしゃべれても、最終的にここのコミュニティには絶対に入っていけない」というような疎外感が、ここではない。「疎外感がない」ということが、こんなにも居心地良く自由な気持ちになれるとは思わなかった。逆に「これまで疎外感があった」ということをはじめて認識した感じだ。

このドバイの雰囲気は、「富をもたらす外国人への評価の表れ」だけではなく、この民族がもともと持っている感覚の表れであり、たしかにＨａｙａさんと同じように、私もドバイの人たちに「similarity」を感じている。だから言いたいことはよくわかる。

Ｈａｙａさんのお母様も非常にポジティブな方らしい。Ｈａｙａさんが日本のロイズにアプローチしたメールへ、まだ返信をもらえていなかったとき、

「今すぐもう一度メールしなさい、必ず返事が来るから」

と直感的にアドバイスされたという。

Ｈ「自分の直感や、見えるシーン、ヴィジョンは必ず現実になるし、それが現実になると信じていると、そういう方向へ流れて行くのよね。だからそれを妨げるような違和感のある人やものからは離れたほうがいい」

帆「もし、その人と大きなビジネスが成立しそうでも、付き合わない?」

Ｈ「もちろんＮｏよ！　プライベートでも付き合わないわ」

と、当たり前のように話していた。

✪ドバイ旅行に隠された意味

世界一高いタワー「ブルジュ・ハリファ」、世界一大きなショッピングセンター「ドバイモール」、世界初の七つ星ホテル「ブルジュ・アル・アラブ」など、他にもたくさんの「世界一」を目の当たりにしましたが、私にとってなによりもドバイを印象付けたのは、そこにいる「人のエネルギー」でした。

世界の富が集中している場に集う人たちは、この世の仕組みや宇宙とつながる考え方を熟知しており、今自分が関わっていることを通して自分の精神的なものを向上させることが重要であること、そのために自分の直感に従って生きる、ということを徹底していたのです。

それらはあまりに自然なこと、日常に染みついている考え方であるため、それについての質問には「そうに決まっているのに、どうしてそんなことを聞くのかしら?」というスタンスだったことが印象的でした。

つまり(図らずも)、私がそのとき本書に書こうと思っていたこと(1章から4章までに書いたこと)を裏付けしてくれる旅となったのです。世界のセレブの一員から「それでいいんですよ！」と背中を押していただいたような感覚で、確信を深めて本書を書くことができました。

加えて不思議だったことは、数年前から、（これも図らずも）旅行本を書くと、いつも「宗教」やそれに準ずる教えについて書くことになる……、ということです。伊勢神宮の本『あなたの感じる伊勢神宮』を通して神道に関わり、翌年に『浄化の島、バリ』を通してヒンズー教に触れ、今度は「ＵＡＥでイスラム教」という流れになろうとは……決してそこに興味があったわけではなかったのに、「あれよあれよという間に、気付いたらそういうことになっていた」という流れこそが「神様ごと」なのでしょう。

そしてその度に、「宗教をはじめ、すべての尊い教えの根底は、みな同じことを伝えている」と感じます。それは、人間の霊性の部分、精神的な部分の成長を促すためのものであり、それぞれの人が日常の目の前のことを通して、どれだけ神様（宇宙、この世の真理）に近づいた精神を持つことができるかを体現していくためにあるのだろうと思います。

そして、それは特定の教えに属しても属さなくても、大勢でもたったひとりでも感じることができるものであり（自分の人生を生きるだけで感じられるものであり）、その「偉大ななにか」とのつながりを感じることが、すべての人が持っている「この世に生まれた目的のひとつ」なのだろうと思います。もちろん、それぞれの宗教（教え）には、表面をのぞいただけではわからない奥深いものがあると思いますが、逆に「共通の真理」こそ、表面をのぞいただけでも浮かび上がって来るような気がします。

帰国後、私が尊敬する経営者にこの旅の話をしたときに、「宗教の真実を伝え、誤解やとらわれをなくし、世界の宗教をつなぐことにもキミの本は役割があるね」という恐れ多いことを言われましたが（ものすごい勢いで否定しましたが）、私自身がその感覚になっている（本を書くことで各宗教や教えが本来はひとつであることに気付くようになってきている）ということは、たしかにその役割もあるのかもしれない、と思う今日この頃です。

✩あとがき

「一体なにを書くの？」と思っていたドバイ旅行は、私がそのとき書こうと思っていた内容を裏付けしてくれる旅となりました。人とのエネルギー交流、直感に従って生きる姿勢、高次のものに心を開いて情報を得る方法などを、ドバイの人たちは当たり前のように実践していたのです。

余談ですが、「アミリのペンダントをつけて行くといい」と私に伝えてくれた友人は、実はこのドバイ旅行のこともはじめから予言していました。

あるとき、「もうすぐ、本の仕事で海外に行く話が来ると思う。そこは王族……ロイヤル？が統治している国で、ロイヤルファミリーとご縁ができるよ」という連絡があったのです。当時の私は、そのとき目の前の本棚にあった「タイ」の分厚い画集を眺めながら、「へ〜、それってタイかなぁ？（笑）」などと気楽に答えていたものでした。

それからわずか10日後にこの企画を依頼され（驚）、ふと気付いてみたらそこは「王族」が統治する国であり、行ってみたら本当にロイヤルファミリーとご縁ができ、私がデザインしているペンダントと同じデザインの金のヨットをいただく……これは一体なんのサインなのだろう？（笑）と思いたくなるのも当然です。なによりも、それを想像するだけでワクワクする……次にまたシンクロが起こったら、ぜひともそれを追ってみようと思います。

ドバイの「ボーダーレスで自由な考え方」は、私の枠をまたひとつ広げてくれました。「生きていれば、なんでもできる（やっていい）」という大きな気持ちになった……それは、当時の私が宇宙にオーダーしていたことの答えになっていたのです。私に必要なことと出逢わせるために、宇宙がこの旅行を仕組んでくれたことがよくわかりました。

その解釈が合っているのかどうかはわかりませんが、「その人が起こったと思うことこそが、その人にとっては起こっている」のだと思います。

誰の中にも、今本当に必要なものに出逢う力があります。

自分の感じたことを信じて追っていけば、そこにその人にとって高次元の「生きる目的」のようなものが現れ、そこに続けて起こるシンクロが、次にやるべきことを教えてくれます。

ドバイで出逢った皆様、この旅行を（も）完全に仕組んでくれた神様、そして珍道中を共に乗り切ってくださった宝島社の倉田未奈子編集長、本当にありがとうございました。

また、炎天下でも一番元気だった私の母（笑）、日本で支えてくれた人たち、そして読者の皆様にも心より御礼申し上げます。

皆様の人生が、ますます味わい深く紐解かれていきますように。

出逢いに感謝を込めて。

浅見　帆帆子

Diary of Dubai

【ドバイの摩天楼】❶砂塵にかすむ摩天楼とパームツリー……ドバイっぽい。❷❻個性的なビルがいっぱい。❸シリンダーでつなげているみたい！ 筒状の右に突き出た部分、中はどうなっているのだろう？ ❹超高層ビルに挟まれた低いビルが日本の標準の高さだと思う……。❺数十年前は砂漠だったなんて……。❼ビルと私、ちょうど休日で未来の無人都市みたいだった。

【Food & Shopping】❶初日のランチ、ベールをかぶった人たちが普通に視野に入ることにまだ慣れていないときに慌てて撮る(笑)。 ❷〜❺アラブの家庭料理、美味しい。 ❻ウェルカムフルーツの定番、デーツ(ナツメヤシの実)。 ❼イメージ通りのペルシャ絨毯発見♪ ❽キラキラのゴールドスーク(市場)。中に入ると写真❿。迫力負けして、店員さんに声をかけるのに勇気が必要(笑)。 ❾アラビアっぽい装飾品を探し中。 ⓫途中、ホッと一息。@ロイヤルミラージュ

【世界一高いタワー ブルジュ・ハリファ(Burj Khalifa)】❶意外とすぐそこに砂漠! 土地はたっぷり。❷タワーの全景。 ❸p227 Lamaさんのご自宅のある「パーム・ジュメイラ」。上から見ると本当に椰子の形だけど、このタワーからは見えず……。 ❹一番上と中間の高さに展望台あり。 ❺148階! 下はビジネスビル。忘れ物したら大変! ❻❼タワーが高過ぎる&建物が密集していないために、あまり怖さを感じない。

【アブダビのグランドモスク】❶お隣の首長国、アブダビにある白亜のグランドモスク。 ❷現地のイスラム教徒の方から本物のアバヤをお借りした。 ❸ものすごいシャンデリヤ、UFOみたい。 ❹UFOシャンデリヤが祈りを捧げる大広間にいくつも。 ❺1日5回の礼拝の時間がわかる時計。 ❻お手洗いにある素敵なタイル。 ❼❽天井の隅々までうっとりの装飾。

【対談1】❶p252 魅力的なSuhailさんとHamdaさんご夫妻と。❷"YAMANOTE"店内にて。❸❹日本のパン屋さんみたい。 ❺❻p235 聖職者Arshad Khanさんと。お互いの本を交換。 ❼p249 アラビア語のカリグラフィーで書いてもらった私の名前。向きを変えたら平仮名の「ほほこ」に！

【対談２】❶p227 Lamaさんと、プライベートビーチの前で。 ❷❸パームにある素敵なご自宅。 ❹p263 Azzaさんと、オフィスで。 ❺ご自宅にも作品がたくさん。 ❻Azzaさんの代表的なパームツリーの作品。庭にあるのを車中から。 ❼アクセサリーのデザインも。 ❽p267 Royce'のCEO Hayaさんと。 ❾p219 アルグレア財閥のJumaさんと。

【7つ星ホテル ブルジュ・アル・アラブ(Burj Al Arab)】❶部屋から見えるプライベートビーチ。❷❸私の部屋のリビングとバー……広過ぎる。❹バスルーム。アメニティがすべてエルメスだった。❺2階のベッドルーム。❻ホテル内のすべての部屋が2階建て、らしい……。❼滞在中、ひとりひとりにMacが与えられる。❽ホテルの夜の外観。❾部屋番号が私のラッキーナンバーだった！

【砂漠、ロイヤルファミリーいろいろ】❶車に寄って来るアラビアンオリックス。 ❷砂漠の真ん中で、水煙草。薄いミント味。 ❸p259 Maktoum家のディナー。ヤギの丸焼き、気に入った洋ナシのガラス器。 ❹お土産のゴールドのヨット。 ❺身につけていたAMIRIのペンダント。そっくり!! ❻ランダムに配って私だけにヨット。 ❼母がいただいたサーベル。

– Special Thanks
Sheikh Suhail Al Maktoum
Hamda Al Thani
Arshad Khan
Juma Bin Ahmed Al Ghurair
Lama Farsakh
Azza Al Qubaisi
Haya Bin Mutlaq Al Eghfeli
Fadi Jabri
DTCM Japan

撮影　浅見朝子
装丁　汐月陽一郎（chocolate.）
編集　倉田未奈子（宝島社）

出逢う力

2015年11月 9日　第1刷発行
2015年12月16日　第3刷発行

著者　浅見帆帆子
発行人　蓮見清一
発行所　株式会社 宝島社
〒102-8388
東京都千代田区一番町25番地
03-3234-4621（営業）
03-3239-1770（編集）
http://tkj.jp
振替 00170-1-170829 （株）宝島社
印刷・製本　サンケイ総合印刷株式会社

ISBN978-4-8002-4403-1

この本に関するご意見、ご感想をメールでお寄せいただく場合は
3kikaku@takarajimasha.co.jp
までお願いいたします。今後の参考にさせていただきます。